JN410717

안수원 시집

童心夢鳴

(동심몽명)

에코미디어

童心夢鳴

(동심몽명)

어렸을 적의 꿈들을 울음으로 엮어본다

시를 쓰기 시작한지 어언 40년이 되었다. 시라고 말할 것도 없다. 낙서라고나 할까 그러한 낙서들을 오늘 주저리주저리 엮어 보았다. 부끄러울 뿐이다 그러나 남긴다는 것, 그것이 중요할 뿐이다. 역사란 남긴 흔적들이다. 구전이란 입으로 전해온 역사다. 實錄(실록)이란 사실을 기록한 역사다. 필자의 낙서를 기록으로 남겨보고자 했다. 汚辱(오욕)의 역사도 역사다. 찬란한 문명에 사실도 역사다. 필자의 낙서도 남겨본다는 데 더 의미를 둔다. 누구에게 보여주고자 함이 아닌 소중한 자아에 발자취일 뿐이다.

童心夢鳴(동심몽명)이라고 이름표를 달았다. 필자가 꾸었던 꿈이 여기에 울음으로 담겨져 있다는 뜻으로 이름표를 단 것이다. 보잘 것 없어도 자신에 추억은 모두가 소중한 경험이다. 그리고 그것이 자신만의 역사다. 기쁨과 슬픔 고난과 환희 모두 다 그 인생의 대가를 지불한 것이다. 그리고 그 소중한 경험들을 시로써 표현했다. 發憤著書(발분저서)란 "억울한 일을 당해 마음이 자극되어야 명작을 남긴다는 뜻이다."

한나라의 사마천은 고자가 되는 형벌을 받고나서 중국최고의 사기를 편찬했다. 唐(당) 대의 한유는 不平則鳴(불평즉명, 모든 사물은 평정을 잃으면 소리를 낸다)을 송대 구양수는 詩窮而後工(시궁이후공, 시는 곤궁 할수록 더욱 공교해진다)고 기록했다. 서백이 주역을 공자가 춘추를 지은 것은 모두 곤경을 딛고 지은 걸작들이다.

시인은 잘 소리 내어 우는 사람, 즉 善鳴者(선명자)다. 나라를 위해, 민중을 위해, 정의를 위해, 자신을 위해 소리를 내어 운다. 선명자는 懷才不遇(회재불우, 재주를 지녔으나 때를 만나지 못한) 삶을 산 사람들이다. 그러한 삶속에서 자신의 울결한 마음을 시나 글로 표현해 소리를 낸다. 그런 글과 시는 감동과 울림이 크다.

과거의 훌륭한 저작들의 대부분은 이렇게 마음 속의 울분이 발산되어 남긴 작품들이다. 잘못을 저질러 형벌을 받는 것이 아니라 아무런 잘못이 없이 형벌을 받았을 때 그 울림은 더욱 크다. 사마천은 이릉장군을 변호하다 사형을 대신해서 궁형으로 고자가 되어서 사기를 편찬했다.

(이릉장군은 이광장군의 손자다 이광장군의 선조는 진시황 때 장군을 지낸 이신장군이다. 이광장군은 전쟁 중 음식이나 물을 먹을 때 부하들

이 다 먹고 난 후에 음식이나 물을 먹었다. 모든 전공은 부하들에게 돌렸다. 화살을 아끼려고 적이 사정거리 안에 들어와야 화살을 쏘았다. 한 번은 호랑이가 나타나자 화살을 쏘아 명중시켰다. 부하들이 환성을 지르며 다가서자 호랑이가 아니고 바위에 이광장군이 쏜 화살이 박혀 있었다. 이광장군도 신기하여 다시 쏘아도 번번이 튕겨 나왔다. 이 소문에 흉노족도 이광장군이 있는 동안 공격을 못했다.)

굴원은 쫓겨난 후 이소를 지었으며 좌우명은 실명한 후 국어를 엮었다. 손자는 발뒤꿈치를 잘리고 나서 병법을 연구했으며, 여불위는 촉 땅으로 좌천된 후 여씨 춘추를 전했다. 한비는 진나라 감옥에 갇히고서 세난과 고분을 썼으며 시경의 시 삼백 편은 대개 성현들의 마음속의 울분이 발산되어 쓰여진 작품이다. 처절한 고뇌의 삶 앞에서 인간과 사회의 참 모습을 깊이 깨달을 수 있다.

시란 울림이 있어야 한다. 조식의 칠보시 또한 죽음을 목전에 둔 처절한 사투의 탄생이다. 필자가 내 놓기에 부끄러운 시집을 발간하는 것은 재능이 있어서가 아니라 이분들의 아픔을 알기에 同病相憐(동병상련)에

억울함에 고초를 당하면서 깊이 깨달음에 흔적을 남기고자하는 마음에서다. 장편소설의 소감을 담은 머릿글을 쓸 때나 시집의 머릿글을 쓸 때나 아주 조심스러웁기는 매 한가지다. 많은 질책을 감수하며 첫 시집을 발간해본다.

2021년 3월

안수원

차례

제1부

제2부

차례

제3부

제4부

童心夢鳴

(동심몽명)

제1부

안수원 어록

선생이란 단순이 지식의 전달자가 아닌 다음 세대에게 올바른 이상을 심어주고 꿈을 키워주는 깨우침의 안내자다.

진리

신을 가장 기쁘게 해드릴 수 있는 미덕 중의 미덕을 배우고 있다.
그것은 바로 겸손이라는 미덕이다!

보름밤

개 짖는 소리 夢幻(몽환)에 깨어보니
일어나 앉아 추석 보름달을 찾는다.
보름달은 하늘높이 비추고 있으련만
아직도 몽환 중인가 보이지 않는구나

요란히 개 짖는 소리 외로움을 달래고
子時 지난 丑時 인데 어이 그리 급한 일이
온 동네 개 짖는 소리 잦아들어 고요하니
철 이른 벌레소리 가을을 노래하고

이른 찬바람에 이불깃을 당긴다.

한자
자시, 축시

時(시)가 있기까지

시인은 가족을 지척에 두고 추석을 맞이한다.
잠 못 이루어 뒤척이다 꿈속에 가족을 만난다.
원도리 동네 개 짓는 소리에 잠에서 깨어 보름달을
보려하니 창살에 가려 보름달을 볼 수가 없고
급한 일이 있어 축시에 잠을 깨운 나그네에게
무슨 급한 일이 있어 그리 서둘러 쇠창살에
보름달도 볼 수 없고 꿈 속 가족과 헤어지게
만드나 푸념한다.
다시 고요가 찾아오고 벌레소리가 합창을 하고
시인은 다시 외로운 잠을 청한다.

안수원 어록

인간은 자신이 곧 부처이고 신이다. 그러나 자신이 신이고 부처라는 사실을 깨닫지 못하고 있을 뿐이다.

진리

놓아버려라! 무슨 일을 하던지 놓아버리는 마음으로 하라!
(어떤 칭찬이나 보답도 바라지 말라! 조금 놓아버리면 조금 평화로워질 것이다.
많이 놓아버리면 많이 평화로워질 것이다.
완전히 놓아버리면 완전한 평화와 자유를 알게 될 것이다. 그리고 세상과의
싸움이 끝날 것이다.)

흔적

하루가 왔지만 받지를 않았네
하루가 갔지만 보낸 적이 없네

받지도 않았고 보낸 적도 없건만,
하루는 왔다 갔다 하네

왔다는 흔적도 없고
갔다는 자취도 없는데
大地(대지)는 어이알고 꽃을 피우는가

한자
天地와 肉身만 왔다 감을 알려주는 구나 천지, 육신

시가 있기까지

우리 인간은 살아간다는 것을 인식하면서도 세월의 변화에는 무디다.
꽃이 피고 봄이 오고 숲이 우거지고 여름이 온다.
단풍이 지고 가을이 오고 눈이 내리고 겨울이 찾아온다.
어느새 시인의 육신은 세월의 모진풍파를 온몸에 느낄 때 쯤
자연의 변화를 깨닫게 된다.
그동안 삶의 탐욕에 자연의 변화를 느끼지 못한 회한이다.

안수원 어록

용서란 힘 있는 자의 아량이고 가진 자의 베품이고 승리한 자의 전유물이다.

진리

진리를 배운다는 것은 곧 자기 자신을 배우는 일이다.
(자기를 배운다는 것은 자기를 잊어버림이다. 자기를 잊어버림은 자신을 텅 비우는 일, 자신을 텅 비울 때 체험의 세계와 하나 되어 모든 것은 자신이 된다.)

공(空)

빈다는 것은......

용서를 구함도 아니다.
무엇을 바람도 아니다.
지극한 정성으로 자아를
버리는 것이다.

이루려고 함은.....
이루었다고 함은.....
과연 무엇일까?
살아있는 자들의
이야깃거리에 지나지 않는 것을

그들도 머지않아 가고
모두 다 사라질지니
아무 흔적도 없는데
이루려고만 하느냐.......

해설

시인이 노래하고자 하는 것은 인간의 끊임없는 탐욕이다.
머지않아 없어질 육신 아무것도 없는 흙으로 돌아갈 육신,
쾌락을 위해, 출세를 위해, 성공을 위해서 빌고 기도를 드린다.
그러나 기도의 본질은 나 자신을 버리는 것에서부터 시작되어야 한다.
무엇을 바라는 것은 기도의 본질이라고 할 수가 없다.
당신은 머지않아 사라질 것이며 남의 흉도 3개월을 넘기지 않는다고 했다.
그런데 당신이 죽고 나면 얼마나 오랜 시간 당신을 기억해 줄 것인가?
선을 행했을 때 영원히 기억되어질 것이다.

안수원 어록

우리네 인생에 실력이 출중하거나 능력이 있다는 사실은 별로 의미가 없다. 언제나 반성하고 배우려는 진지함만이 우리를 정상에 오르게 한다.

진리

진리는 시간과 아무 상관도 없다.
(진리는 영원하다. 시간과 장소에 상관없이 언제 어디서든 진리를 얻을 수 있다.
진리는 언제나 그대 앞에 열려있기 때문이다. 다만 그대가 진리 앞에 열려야 한다.
필요한 것은 그것이 전부이다.)

허무한 人生(인생)

내가 가는 이 길을 옳다
그르다 나무라지 마소!

아침이슬처럼 왔다 가는 人生!

해를 보고 해바라기가 활짝 웃듯이
달맞이꽃이 달빛을 받으며 살포시
미소 짓듯이

내 인생 자연을 벗 삼아
울고 웃고 살고 있소!

내가 슬프다고 그대에게
함께 울어 주라 했소?
내가 즐겁다고 그대에게

함께 기뻐해 주라 했소?

아침에 피고 저녁이 되면
오므라드는 나팔꽃 같은 인생!
누굴 탓하고 나무랄 여유가
어디 있겠소!

"나" 자연을 벗 삼아
행복하게 살기도
너무나 짧다오!

그러니 제발 날
나무라지 마소!
그대 갈 길도
너무 짧지 않겠소?

해설

우리는 번개처럼 지나가는 인생을 남의 얘기로 여기며 허구한 날을 보내고 있다.
자신의 행복한 인생을 살기에도 부족한데 왜 남의 일에 까지 끼어들려
하느냐고 시인은 나무라고 있다.
지나고 보면 정말 어이없는 낯부끄러운 행동을 하고 있는 자신을 발견하게
될 때가 수 없이 많다. 그래서 인간은 미완성이다.

안수원 어록

인간의 욕망의 끝은 부자나 가난한 자나 다 똑 같다. 죽음이라는 종점이다.

진리

위대한 것을 성취하려면
행동할 뿐만 아니라, 꿈꿔야 하며 계획할 뿐만 아니라고 믿어야 한다.

노자

보여 주려고 하지도 않았고
나서려고도 하지 않았다.

깨우치려고 하지도 않았고
가르치려고 하지도 않았다.

바람 부는 대로 비가 오는 대로
계절이 오고 가는 대로

태양이 뜨고 지는 대로
달이 모습을 바꾸는 대로

그저 순리 대로 살다갔다.
피안의 그곳에서.....

"어리석음을 깨닫고
깨달음 또한 어리석은
짓이다"

詩評

우리 인간이 추구하고자 하는 깨달음의 실체들을 성자들은 스스로
道(도)에 이르러야 한다고 했다.
가르칠 수 없는 스스로... 스스로... 저절로.... 또한 그 깨달음의
실체조차 어리석음이라 했다.
부처는 입멸하실 때 "나는 단 한마디도 설한 바가 없다."고 하셨다.
성철스님도 "중생을 속인 죄가 수미산만 하다"고 설하셨다.
노자의 일생을 담고자 하는 시인의 어리석음을 표현한 시다.

안수원 어록

사람이 살아가는데 이루려고 하는 제반 문제(출세, 건강)들은 능력이나 실력이 이에 미치지 못해서가 아니라 이를 행동으로 옮기지 않기 때문이다.

진리

안식일은 인간을 위해서 만들어진 것이다.
(결코 안식일을 위해서 인간이 만들어진 것이 아니다.)

배신

잠이 드는 순간을 기억 할 수 있느냐?
잠이 깨는 순간을 알 수가 있느냐?

미혹의 순간 잠에 빠지고 깨어있는 것을!
사후 세계를 알 수가 있느냐?
누가 가서 보았느냐?

이런 설 저런 설 소문만 무성 하구나
달리는 지구를 느낄 수가 있더냐?
사고 한 번 있더냐?

계절이 때를 어기더냐.
쉬기를 하더냐.

우주는 탐욕스런 인간을 위해
베풀기를 다하는데

인간은 우주를 파괴하고
신의 뜻을 거스르네.

해설

오묘하고 그 깊이를 알 수 없는 우주의 무한한 광활함...
우주는 우리에게 모든 것을 베풀면서도 결코 대가를 요구한 적도
불평하지도 않는다.
그러나 그 솟아있는 돌부리조차 우주의 일원으로 존재하고 있는 것이다.
감히 우리가 그 돌부리조차도 존중해야 하는 마음가짐으로 자연을
존중해야 한다.
시간을 거스르지 않고 순항하는 이 우주에 추한 인간의 더럽힘을 멈추자.

안수원 어록

개가 도둑을 잡지는 못해도 도둑이 왔다는 것을 주인에게 알릴 수는 있다.

진리

누가 해도 할 일이면 내가 하라.
(언제라도 할 일이면 당장 내가 하며 내가 지금 할 일이면 빛나게 하라!)

서글픔은

아직 내 마음속에 미련이 있음이며
아직 내 마음속에 바람이 있음이며
아직 내 마음속에 탐욕이 있음이며

내가 진정 깨달음에 이르지 못함이다.

아직도 미혹의 함정에서 헤어나지 못함은
오직 자신을 추스르지 못하는 탐욕의
잔재가 현존함이며

아직도 속세의 인연을 버리지 못함이다.

보이지 않는 우주의 공간에
추한 족적을 남기고자 함은
아직도 그대는 미혹의 가시밭길을
걷고 있는 迷兒(미아)일 뿐
방황하는 한 마리의 아귀에 지나지 않는다.

해설

인간의 온갖 번뇌는 탐욕에서 비롯된다.
자신을 다스리는 일 그것이 곧 깨달음에 이르는 길이다.
탐욕에 빠져 허우적거리는 자신은 영원히 괴로움과
슬픔의 미혹에서 벗어날 수 없다.
우리의 삶은 아귀의 삶의 연장일 뿐이다.

안수원 어록

어떠한 음모에 가담도 계획도 세우지 마라. 오직 자신의 미래에 대한 善한 계획만 세우라.

진리

세상이 어떻게 존재하느냐 하는 것 보다는 그것이 존재한다는 사실 자체가 신비스럽다.

良心(양심)의 소리

가릴 수도 없는 내 양심에
구역질나는 찌꺼기를
내 양심의 진실은 한 가닥 남은
양심의 소리를 듣는다.

온 누리를 비추는 太陽(태양)을 내 진실을
양심으로 담을 수 없는 그렇다고,
가릴 수도 없는 양심의 찌꺼기를....

오직 善(선)이라는 찾고 또 행하려함은
아직은 내 마음의 밑바닥에 내가
찾고자 하는 양심의 소리를 듣는다.

그래 아직은 때 묻지 않는 내양심의
소리를 듣는다.

그러나 넓고 맑은 창공의 부끄러움을

손바닥으로 가리기엔 내 삶은 너무나
많은 죄업을 쌓았다.

그래서 맑은 하늘을 가리기에
내 손바닥은 너무나도 작구나

해설

쌓아온 죄업을 양심은 알고 있다.
밝은 햇빛 아래 들추어진 탐욕은 선을 행한다는 위선으로
감추려하지만 양심은 말한다.
맑은 하늘을 바라보기조차 많은 죄업은 손바닥 같은
선을 행함으로는 지워지지 않는다.

안수원 어록

진정한 변화란 남을 변화시키는 것이 아니라 자기 자신의 변화를 이루는 일이다.

진리

입이나 몸으로 덕행을 하지 말지며, 계시와 예언이 시현될 때
자만하거나 기뻐하지 말며 무의미한 일들에 그대를 끌어들이지 말라.

사랑

성경도 예수도 사랑하라고 했네.
불경도 부처도 자비를 베풀라고 하네.
성인들은 억울함도 분함도 다 용서하라하네

하늘에 닿을 듯한 분함을!
지옥에 닿을 듯한 저주를!
다 잊으라 하네.

저주가 이루어진다면 악마와 손잡고 싶은데...
"분함도 마음에 있고 용서 또한 마음에 있는 것을"
"분한 마음은 어디에 있고 용서 또한 어느 곳에 있는가?"

처음부터 어디에도 없는 것을 마음 한 번 보여보거라

시가 있기까지

우리는 존재하지 않는 마음에 이끌려 억울하고 분해한다.
그러나 그것은 어리석기 그지없는 행동이다.
지나고 나면 모든 것이 후회스러울 뿐이다.

안수원 어록

이루려고 할 때는 오직 내 힘으로 이룬다고 다짐해라. 그리고 이루고 나서는 신의 도움으로 이루어졌다고 감사해라.

진리

업의 법칙은 모든 인간의 원망이 궁극적으로 이루어질 것을 요구하고 있다.
(그러므로 비 영혼적인 모든 욕망들은 인간을 윤회의 수레바퀴 속을 붙들어 매는 사슬인 것이다.)

깨달음

고요한 어둠이 온누리에 내려앉고
내 마음 깨달음을 찾아 헤매는데
남문 서문 동문 북문은 보이질 않네.

아득히 목탁소리 들리고
내 마음 불경소리 울리네.
진리를 찾아 깨달음을
이루었던 이들은 있는데

깨달음에 이르는 왕사성의 길도 있는데
버릴 줄 모르는 내 마음 허공만 쫓고 있네....

시가 있기까지

부처의 깨달음 경지에 이를 수는 없다할지라도
하루하루 살아가는 우리의 삶 안에서 명상에 잠겨서
몇 분간이라도 마음에 평화를 얻을 수만 있다면
그 자체가 곧 깨달음에 이른 것이다.

안수원 어록

불의를 외면하는 자는 정의롭지 못하며 정의를 지키지 못하는 자는 행복을 누릴 자격이 없다.

진리

만난 것은 알 수 있으나 만나지 않는 것은 알 수 없다.
(인식능력 안에 들어오는 것은 알 수 있으나 인식 능력 안에 들어오지 않는 것은 알 수 없다.)

번뇌

탐욕의 눈을 감고
탐욕의 귀를 막고
탐욕의 입을 닫으라

인연의 생각을 끊고
육신의 색을 멈추라

형체도 없는 것들이
대저 우릴 迷惑해 하나니 미혹

구멍을 막고 문을 닫으라

그리하면 모든 번뇌에서 벗어나리니.

시가 있기까지

과연 우리의 삶의 본질은 무엇인가?
되풀이되는 어리석은 죄악들에 우리는 이미 중독되어 있다.
아 슬픈 일이다. 태어나는 순간 우리는 고통을 수반했다.

안수원 어록

법의 올무는 때론 정당하지 않을 수도 있지만 신의 올무는 결코 정당하지 않을 수 없다.

진리

구하는 자에게는 모든 시대가 다 똑같다.
(구하지 않는 자에게도 모든 시대는 다 똑같다.)

正義(정의)

닫혀진 어둠의 장막이 걷히고
깨달음의 새벽이 열린다.

태양이 발밑에서 솟구쳐 오르고
의지는 온몸에서 끓어오르고 있다.

교활함에 머리 숙이기보다는
양심이 상처받기를 거부한다.

不義(불의)에 상처받는 이들의
피눈물을 어루만지며
天命(천명)의 지엄함을 받들 것이다.

시의 뜻을 따르는 길

어둠의 악행들을 모두 뉘우치고 새롭게 시작된 깨달음의
정의를 고통받는 이들을 위한 하늘의 뜻을 따르련다.

안수원 어록

현대인은 취하기 위해서 마시고 옛날 선비들은 즐기기 위해서 취했다.

진리

신은 단순하다. 악이냐 선이냐다. 그 이외의 모든 것은 복잡하다. 자연의 상대적 세계에서 절대적인 가치를 추구하지 마라.

悔改(회개)

자신을 속이므로 하늘을 슬프게 하지 말고
남을 속이므로 땅을 화나게 하지 마라

태양은 생명을 주고 달은 안식을 주는데
몹쓸 인간은 파괴만을 저지르네

분노로 바람을 일으키지 말고
교활함으로 천둥을 불러 오지 마라

번개 같은 인생을 위해 범죄하지 마라

기도에 응답이 있다면 저주 또한 이루어지리니
저주받을 죄악을 흐르는 물에 띄워 보내
상처받은 양심을 달래 보아라

시 탄생의 의미

아름다운 자연을 속이는 어리석음을 행하지 말라고 시인은 노래한다.
모든 분노의 씨앗은 자신으로부터 일어나며 감사의 기도도 분노의 저주 또한 자신의 마음에 있다. 그리고 그 마음조차도 존재하지 않는 것이다.

안수원 어록

악이 악을 행할 수 있는 힘은 악을 받아들일 인간이 존재하기 때문이며 악을 악으로 분별할 수 있는 판단력을 상실한 인간이 늘어나기 때문이다.

진리

세상에 가장 좋은 벗도 자신이고 가장 나쁜 벗도 자신이다.

깨달음

넘침은 넘침으로 인해 부족하는 것.
부족함은 부족함으로 인해 넘쳐나는 것.

높임은 높임 받고자 함으로 낮춰지는 것.
낮춤은 낮아지려고 함으로 더 높아지는 것.

교만해짐은 더욱 어리석어지는 것.
어리석어 지고자함은 더욱 현명해지는 것.

베풀려고 함은 더욱 베풀어지는 것.
분노함은 더욱 분노만 쌓여지는 것.

시가 있기까지

세상을 사는 이치만큼 근본을 지켜가는 순리가 신기하다.
물 흐르듯이 사는 삶 그것이 자연이다.
계절이 소식도 없이 찾아오듯이 깨달음도 어느 순간
깨달음에 이른다.

안수원 어록

어떤 직업을 가졌는지, 실패를 하고 성공을 하고는 결코 불행하게 되는 조건이 될 수가 없다. 마음이 불행하다고 느껴질 때 불행해지는 것이다.

진리

행복은 나누어 주는 것으로 줄어들지 않는다.
(부처는 말했다. "또 하나의 양초로 수천 개의 양초를 밝힐 수도 있다. 그래도 그 양초에 수명은 짧아지지 않는다.")

佛經(불경)

두드리는 목탁소리 마음을 울리고
청아한 염불소리 깨달음을 주는구나.

세속에 온갖 번뇌가
천길 수면 속에 잠겨버리고

탐욕에 젖은 몸은 부처님의 자비에
온몸으로 울고 있구나.

염불소리 마치면 탐욕에 빠질까
목탁소리 그치면 번뇌가 찾아올까

염불소리 마쳐가니 두려움이 앞서고
목탁소리 그쳐가니 아쉬움이 찾아온다.

시가 있기까지

태초에 신에 의해 창조된 인간이 신의 명을 거역할 때부터
고통이 시작되었다.
그 업보를 씻기 위해서 우리는 다시 신에 도움을 청한다.
은은히 들려오는 교회 종소리나 산사에 울려 퍼지는 목탁소리에
문득 번뇌를 잊게 된다. 신의 고마움이다.

안수원 어록

남을 비난할 시간에 공부하라. 남을 비웃을 시간에 노력하라. 그러면 성공에 이를 것이다.

진리

즉각적인 승낙을 꺼리는 것은 사실상 “적당한 정도의 신중한 생각”이라는 원칙을 존중하는 행위에 다름이 아니었던 것이다.

악행의 최후

이슬 같은 인생 악이 넘쳐흘렀다
미혹에 허우적대는 추함은
야차의 모습으로 살았다.
후회하며 온몸으로 울었다.

돌이킬 수 없는 악행의 업보가
무간지옥으로 날 데려다 줄 것이다.
눈을 도려내는 고통과 화마의 불길에
아! 죽음조차 허락되지 않는구나.

울 수조차 없는 악행의 끝이여.....
되돌릴 수 없는 악행의 종말이여.....

시가 있기까지

온 세상의 악은 턱 밑까지 차왔다.
이제 악행에 의해서가 아닌 악행의 넘침으로 우리는 질식사가 선행되어지는 현실에 자신을 버리고 있다.
우리가 추구하고자 하는 탐욕의 실체가 과연 무슨 의미가 있을까?
덧없는 허황된 것이기에 너무나 늦은 후회에 자신을 질타한다.

안수원 어록

나무라는 것은 아직 애정이 식지 않았다는 증거다. 그러나 꾸중조차 외면할 때는 이미 애정이 떠났다는 증거다.

진리

언어의 유희를 초월한 진리가 네 마음 속에 계시되면 함부로 입을 열어 누설하지 마라!
(자만하고 수다스러우면 세속의 주장들이 진리를 휩쓸어 가리라.)

마음

어디에 있느냐?
보았느냐! 만졌느냐! 느꼈느냐!
어디에 있더냐.

형체도 없는 것이.....
분노하게 하기도 하고
기쁨에 젖게도 만든다.

실체를 가져 오라!
나타내 보아라!

그리할 수 없다면 다 버려라!
당초에 없었던 것을 찾으려 들지 말아라!

시가 있기까지

우리는 존재하지도 않는 心(심)에 一喜一悲(일희일비)한다.
그 실체는 자신이 만들고 자신이 없앨 뿐이다.
노함, 괴로움, 기쁨 모두가 자신으로 인해서 생겨난다.
나타내 보일 수 없는 형체에 자신을 내몰고 있다.

안수원 어록

기적은 반듯이 이루어진다. 기적이 이루어진다는 확신에 찬 믿음을 가지고 기적이 이루어지기 위해 노력을 멈추지 않는 한.

진리

지식은 재산이고 무식은 부채다.
(성공의 열쇠는 지식부자다. 안 될 이유가 있다면 될 이유도 있다. 최선을 다하면 최고의 결과가 나온다.)

歲月(세월)

멈출 수 없는 시간 속에
나는 제자리에 있다.

내일을 부탁 하지도 않았건만
세월을 오라 하지도 않았건만

흐르는 세월은 변화를 선물한다.
나는 그대로 멈추어 있다.

반백을 원하지도 않았고
주름을 바라지도 않았는데

시간은 우리를 기다려 주지 않았다.

보이지 않는 눈으로 바라보며

들리지 않는 귀로 들으면서
듬성듬성 이로 씹으면서

세월이 지나가 버림을 깨닫지 못한다.

시가 있기까지

우리는 앞만 보고 숨 가쁘게 달려왔던 인생.
항상 젊음이 그대로일 줄만 알았는데 어느새 반백이 되어 있었다.
세월은 수십 년이 지나갔건만 어제일 같이 손에 잡힐 것 같았다.
얼마 남지 않는 세월이 또 오는구나.

안수원 어록

남을 사랑할 수 없는 사람은 자신도 사랑할 수 없고, 자신을 속이는 사람은 자신이 남을 속이고 있다는 사실을 깨닫지 못한다.

진리

한 인간의 가치를 측정하는데 있어서 성인은 변화하기 쉬운 世俗(세속)의
자와는 전혀 다른 자를 사용한다.
(인간성을 보는 눈에 따라 대단히 다채롭지만 성자들의 자를 사용하면 두 종류로 나눌 수 있다. 즉 신을 추구하지 않는 무지한 사람과 신을 추구하는 현명한 사람들이라는 분류가 바로 그것이다.)

완전한 비움[無]

無(무)에 이르고 고요를 느끼며
삼라만상의 이치와
탄생과 소멸의 진리를 깨닫는다.
生(생)과 滅(멸) 모두 근본으로 돌아간다.
근본은 고요함이다.

이는 命(명)로 돌아감이다.
명을 찾아감이 영원함이며
영원함을 깨달음은 밝음의 이치다.

영원함을 알지 못한다면 재난의 미망을 벗어날 수 없다.
영원함을 깨달으면 너그러워진다.
너그러워짐은 공평에 이른다.

공평에 이르면 경지에 도달한다.
경지에 이르면 하늘의 섭리를 터득한다.
하늘의 섭리에 이르면 도의 이치를 알게 된다.
도의 이치를 깨달음은 생명이 멸하는 날까지 두려움이 없다.

시인의 마음가짐

탄생과 소멸은 원래 한 뿌리다. 모든 것은 자연의 이치다.
그것을 깨달으면 세상을 제대로 볼 수가 있다.

안수원 어록

인간은 누구나 행복을 누릴 합당한 이유가 있다. 문제는 인간이 자신의 행복을 위해 아무런 노력도 기울이지 않는다는 사실이다.

진리

포기의 외적상징{수행자가 됨으로 생기는}들을 잊어버려라.
(그것은 잘못된 자부심을 유발하여 해를 줄 수도 있기 때문이다. 꾸준한 나날의 영적인 진보 이외에 중요한 것은 아무것도 없다.)

임

또 하루 당신 생각으로 보냈오.
바람이 불고 구름이 간다.
촉촉이 대지를 적시는 눈물
의미를 알 수 없는 모나리자의 미소는
오늘도 나를 바라보며 미소 짓고 있다.
언제나 똑같은 표정으로....

그랬다. 언제나 사랑은 그런 거라고
항상 의미를 알 수 없는 모습으로 찾아온다.
그리고 상처를 준다.
무엇이 아니다.
그 아무것도 아니다.
단지 그냥 우리 주위를 배회할 뿐.....

우리의 일상의 한 부분
사랑은 그렇게 우리 앞에

신기루처럼 보여진다.
그리고 사라진다.
아픔에 상처를 주고
때론 찬란한 미래를 꽃피우기도 한다.

시가 있기까지

사랑에 産苦(산고)의 진통은 매우 크다.
가슴 아리는 고통 속에서 찬란히 꽃피우기도 하지만 로미오와 줄리엣의
비극적인 사랑도 있다.
하늘에 떠있는 은하수의 견우와 직녀의 애틋한 만남의 사랑이야기도
사랑의 아름다움을 노래한다.

안수원 어록

어느 누구도 옳고 그름을 단정지을 수 없다. 그들의 판단은 단지 그들의 생각일 뿐이다.

진리

우주에 존재하는 모든 형태와 힘을 현상적으로 유지시키고 있는 것은 신의 능력이다.

彼岸(피안)의 길

이승의 번뇌를 해탈하여
열반의 세계에 도달하는 일

진리는 어디에나 있고
진리는 어디에도 없다.

존재하는 것은 虛像(허상)이요
존재하지 않는 것 또한 허상이다.

피안에 이르는 깨달음의 실체는 있으나
약방문에 지나지 않는다.

중생이 행하지 않는 깨달음이
중생을 구제할 수 있단 말이냐?

깨달음의 고행이 있고서 만이
피안에 이르는 길이다.

시상의 음미

우리는 존재하지도 않는 허상을 좇고 있다.
이 생을 살다간 이들의 존재는 그 어디에도 없다.
단지 약방문에 지나지 않는 껍데기 이름만 있을 뿐이다.
그러나 처방전이 치료할 수는 없다.

안수원 어록

진리는 배우고 가르치는 것이 아니라 스스로 깨닫고 터득해 가는 것이다.

진리

사소한 덕행이라도 저버리지 말아라! 사소한 죄악이라도 범하지 말아라!
(진리를 비방하거나 중생을 저버리지 말라)

나그네 인생길

구름 흘러 하늘에 떠있고
바람 불어 삿갓을 스치는데
갈 길 바쁜 나그네
걸음을 재촉하네.

서산에 뭉게구름
저녁노을을 붉게 물들고
오늘은 뉘댁에서 치친 몸을 누일까

깊은 밤 창문 틈새로 조각달
그림자 드리우고
풀벌레 소리 合唱(합창)할 제
갈 길 바쁜 나그네 숨소리 곤하다

시상 음미

인간의 인생여정은 나그네길 같은 존재다.
죽음이라는 목적지를 향해 바쁜 걸음을 재촉한다.
그리고 언젠가 고된 여정을 마칠 것이다.

안수원 어록

비방과 시기는 무능한 자들의 전유물이다. 실력 있는 자들은 비방할 시간도 아깝다.

진리

아무것도 하지 않으면 아무 일도 일어나지 않는다.

生(생)과 死(사)

태어남은 어디서 비롯되었고
죽음 또한 어디로 사라지는가.

오는 길을 알 수 없으니
가는 길인들 어찌 알리

생과 사가 하늘에 뜻이려니
가죽옷을 걸쳐 입고 백년 생을 누렸구나.

중생이 베푼 업대로 천당 지옥 나누리니
뒤돌아보는 내 삶이 저리도 악했더냐.
마중 나온 저승사자도 안타까워하는구나.

시가 있기까지

인간은 빈 손으로 왔다 빈 손으로 돌아간다.
육신은 허상이다 눈에 보이는 모든 것 또한 허상이다.
우리는 단지 꿈을 꾸고 있을 뿐이다.
"그대는 그대가 어디서 왔는지 답할 수 있는가"
"그대는 그대가 어디로 가는 가 말할 수 있는가"
저승사자 앞에서 의연해 할 수 있는 삶을 살도록 하자.

안수원 어록

육신을 벌할 수는 있으나 양심을 벌할 수는 없고 육신을 구속할 수 있으나 정신을 구속할 수는 없다.

진리

나는 죽음이 두렵지 않다.
(태어나기 전 몇 십억 년 동안 죽어있었으며 그 때문에 괴로웠던 적은 없었다.)

순리(順理)

구름이 하늘에 가려있고
중생은 탐욕에 가려있네.

태양은 하늘위에서 비추고 있으나
구름을 뚫지는 못하고
구름은 태양을 가리고 있으나
비를 막지 못하네

중생은 하늘이 보여주는 대로 보고
태양이 비추는 대로 살고
구름이 가리는 대로 가려지고
내리는 비를 막을 수 없네

달은 바닷물을 움직이고
중생은 자연의 순리에 따라 사네

시가 있기까지

물 흐르듯 사는 삶이야말로 진정 행복한 삶이라 할 수가 있다.
인간은 자연을 거스르는 삶을 영위할 수가 없다.
자연처럼 사는 것은 시인이 추구하고자 하는 삶이라 할 수 있다.

안수원 어록

죽음과 삶, 성공과 실패는 백지 한 장 차이일 뿐이다. 인생이 대단히 거창스러울 것도 대단히 초라할 것도 없다.

진리

자신을 고요하게 하고 사람들의 혼란한 말씨 뒤에 숨겨진 생각을 감지하라.
(통찰력이 겉으로 드러나면 세상 사람들의 눈에 거슬린다.)

眞實(진실)

아무도 알지 못할 거라
누구도 알 수 없을 거라
생각하지 말아라!

신은 알고 있을 것이다.
너 자신은 알고 있지 않느냐?

아직도 行(행)하지 않느냐
아직도 베풀지 못 하겠느냐

예수님 代贖(대속)의 사랑이
부처님 고행의 慈悲(자비)가
이루어질 수 있음은
行함이 行해질 때이다.

시의 탄생의 의미

우리는 입으로 사랑을, 자비를 노래한다.
입으로 불이라 불러도 뜨겁지 않듯이
사랑을, 자비를 소리쳐도 空念佛(공염불)이다.
사랑과 자비는 진정 실천했을 때만이 이루어진다.

안수원 어록

잃을 것이 없으니 두려울 것도 없다. 얻으려고 하지 않으니 당당할 수밖에 없다.

진리

학위라는 것은 어떤 경우에든 지혜의 실현과는 관련이 없다.
(성자들은 회계사와는 달리 매 학기마다 무더기로 나오는 것은 아니다.)

진짜 사랑

사랑은 말이 없고 미소만 있어요.
사랑은 욕심이 없고 양보만 있어요.
사랑은 다툼이 없고 용서만 있어요.
사랑은 화냄이 없고 이해만 있어요.
사랑은 슬픔은 없고 기쁨만 있어요.
사랑은 분노는 없고 자비만 있어요.

이게 바로 사랑이에요.

사랑은 눈도 멀게 하고
귀도 들리지 않게 하고
말을 하지 않아도
마음으로 속삭여요.

이런 게 사랑이에요.

시 탄생의 의미

사랑이라는 말 외에 그 어떤 해석도 설명도 불필요할 것 같다. 수 만 가지의 언어들 중 이보다 더 고귀한 언어는 없다.

안수원 어록

감은 만들어지는 것이 아니라 자신이 만들어 가는 것이다.

진리

과학이 신을 탐지할 수 있는 방법을 고안해내지 못하는 한 신의 존재를 인정할 수밖에 없다.

道(도)

자신을 버릴 줄 모르면서
깨달은 이를 따르려 하네
탐욕에 가득 차 있으면서
忍辱(인욕)에 기쁨조차 모르면서
어찌 진리를 탐하느냐

눈이 먼 고통의 정진이
자신을 위함인 줄 아느냐
지옥 불을 견디는 精進(정진)의
고통을 이겨내야만 깨달음에 이르느니라.

시가 있기까지

우리 모두는 자신이 탐욕을 버리지 못하고 있다.
모든 욕심으로부터 자유로울 수만 있다면
우리는 깨달음에 한 발 다가갈 수가 있게 된다.

제2부

안수원 어록

성공하는 사람은 성공에 이르는 필요조건을 지녔고 망하는 사람은 망할 수밖에 없는 충분조건을 충족했다.

진리

깨달음이 붓다에 이를지라도 스승을 버리지 마라.
("사소한 덕행이라도 저버리지 말라" "사소한 죄악이라도 범하지 말라" "진리를 비방하거나 저버리지 말라")

迷妄(미망)의 태양

새로운 太陽(태양)이 솟는다.
새로운 時代(시대)가 열린다.
내일이면 내년이면 거창한 구호 속에
우린 窒息死(질식사)한 삶을 산다.

시간은 이어진다.
나이아가라 폭포처럼
수십 길의 물보라를 뿌리지 않는다.

살포시 찾아오는 시간의 연속 일 뿐.
우린 그 안에 安住(안주)한다.
새로운 태양은 없다.
어제의 태양이 내일도 비출 뿐이다.

시가 있기까지

우리 모두는 자신이 탐욕을 버리지 못하고 있다.
모든 욕심으로부터 자유로울 수만 있다면
우리는 깨달음에 한 발 다가갈 수가 있게 된다.

안수원 어록

종교는 누구나 믿을 수 있고 종교인은 누구나 될 수 있으나 종교는 탐욕의 도구가 될 수는 없다.

진리

하나님은 당신을 도와주신다.
(그러나 당신이 도움을 받아들일 것을 마음속으로 결정했을 때이다.)

虛無(허무)

벼슬도 내려놓고
명예도 내려놓고
사랑도 내려놓고
탐욕도 내려놓고
부귀도 내려놓고

흔적도 자취도 없이
구름처럼 바람처럼

강물처럼 이슬처럼 살다갔다.
彼岸(피안)의 그곳으로.....

시가 있기까지

어차피 빈 손으로 왔다 빈 손으로 가는 인생. 탐욕의 모든 것을 버렸을 때 우리는 진리에 이를 수 있다.

안수원 어록

법을 농단하는 법관은 망나니가 사형수를 데리고 칼춤을 추는 것과 같다.

진리

탐욕이 아닌 배고픔만이 정당한 목적을 가질 수 있듯이 성적인 충동도
種族(종족)의 번식을 위하여 자연이 부여한 수단이다.

삶

덜커덕 거리는 人生(인생)의 레일 위에 늘
순탄함만을 希求(희구)했던 욕심은 아니었다.
이따금 솟구치는 악의 生命(생명)을
잠재우기 위해 본능은 늘 理性(이성)의
그늘에 안주해야만 했다.

철없는 무지의 所産(소산) 때문에 자행했던
죄악의 業報(업보)를 감수해야하는 현재가
후회와 번민의 시간들이 고통의 진통 속에
더 훌륭한 미래를 孕胎(잉태)시키는 참선의 길

매서운 겨울은 따뜻한 봄을 주기 위함인 것을....

시의 의미

순탄하지 않는 삶일지라도 순리를 따르며
살아가고자 하는 인간의 내면을 살펴보고자 함이다.
번민했던 괴로운 순간 모두가 아름다움 미래의 꿈을 위함이지 않겠는가....

안수원 어록

현재의 행복을 만족할 줄 모르면 신은 결코 더 큰 행복을 선물하지 않는다.

진리

우주는 그 모든 부분을 하나하나에 표현 되어 있다.
(모든 것은 감추어진 질료로 만들어진다. 온 세상이 하나의 이슬방울 속에 깃들여 있을 수도 있다.)

마음으로 보는 법

春不目春來春(춘불목춘래춘)
時不目時來時(시불목시래시)

봄은 눈에 보이지 않는데 봄은 왔네
세월은 눈에 보이지 않는데 세월은 왔네

시의 의미

봄이 왔다고 알려주지도 않고 푯말에 써 있지도 않다.
시간이 왔다고 우리가 알 수가 있는가.

안수원 어록

악법은 절대 법이 될 수 없다. 법의 태생적인 의미는 인간의 행복을 위해서만 존재해야하며 인간의 행복추구권을 우선할 법은 법으로서의 존재가치를 상실한다.

진리

진정한 인간이란 이웃과 어울려 살면서 정의를 실천하고 사고파는 행위를 하고 있으면서도 단 한순간도 신의 망각하는 일이 없는 사람.

愚(우)

자신을 알 수 없으면서
모두를 아는 것처럼
자신을 평가할 수 없으면서
모두를 평가한다.

날름거리는 사탄의 세치 혀로
지구의 자전과 공전을
태양까지도 움직이려 한다.

아무것도 이룩함이 없으면서
전부를 이루려 한다.
자신은 반성하지 않으면서
모두를 반성시키려 한다.

우리는 불신의 현실 속에 가려져
모두를 회개시키려 한다.

가장 먼저 해야 할 자신의 참회를
우린 남부터 회개시키려 한다.
자신의 참회는 망각의 베일 속에 감추면서...

시의 의미

모든 사건발생의 원인은 대부분 자신의 불찰에 의해서 제공된다.
그러나 우리는 남의 탓으로 돌리려한다.
입으로부터 나오는 모든 독설들은 온 세상을 분해시킬 수 있는 위력을 가졌다.
그러나 우리는 자신부터 반성해야 한다.

안수원 어록

실패를 두려워 할 필요는 없다. 실패도 성공에 이르게 하는 계획에 일부분 일 뿐이다.

진리

분노는 욕망의 좌절에서 나온다.
(다른 사람에게 아무것도 기대하지 마라. 그러면 남의 행동 때문에 마음이 흔들리지 않는다.)

妄想(망상)

이 궁리 저 궁리
우리는 많은 망상에 잠긴다.

이 생각 저 생각
우리는 많은 고민에 빠진다.

그러나 그 무엇도
생각에 정답은 아니다.

그러나 그 무엇도
고민에 정답은 아니다.

단지 생각을 위한 생각일 뿐.
단지 고민을 위한 고민일 뿐.

시가 있기까지

무엇 때문일까?
우리는 의미 없는 고민들로 번민하고 괴로워한다.
지나고 보면 허무할 뿐.

안수원 어록

사법고시는 대한민국 최고의 영예의 시험인 동시에 삼권분립 목적에 위배된 민주주의 최악의 시험이다.

진리

남의 한 가지 허물을 덮어주면 신은 너의 두 가지 허물을 용서한다.

운명

한숨 쉬는 숨소리
통곡하는 마음

어찌 할 수 없는 삶의 멍에
억 겁 인연의 운명적인 만남

선택은 하는 것도
할 수 있는 것도

아무것도 없다.
단지 신의 섭리 일뿐

비극과 희극은 본래 한 뿌리인 걸
우리가 마음에 먹고 있는 그대로.....

시의 의미

우리의 삶의 고통은 운명의 멍에이다.
그리고 슬픔도 마음에서 나오고 기쁨 또한 마음에서 나온다.

안수원 어록

신은 결코 이루지 못할 것을 요구하지 않는다. 문제는 인간 스스로 이루지 못할 거라 의심하는 데 있다.

진리

남의 한 가지 허물을 덮어주면 신은 너의 두 가지 허물을 용서한다.

판사 놈들

세치 혓바닥으로 불의를 단죄한다
내면의 교활함을 법복으로 감춘다

순박한 민초들은 숨죽여 올려본다
널름거리는 세치 혀는 사탄을 찬양하고

넋 잃고 몸부림치고 통곡하며
울부짖는 피붙이를 남겨두고

찢어지는 가슴으로 뒤돌아선다
너희 놈 애비 에미 자식새끼

네놈 마누라 오늘 울부짖음에
백배는 더하리라 천배는 더 가리라

시의 탄생의 의미

대한민국 판사 검사들의 추악함은 노숙자 수준이다.
아니 대한민국 최고의 엘리트라고 자부한다면
이들의 교활함은 노숙자들을 능가한다고 보아야 할 것이다.
이들의 죄악의 업보가 지옥 불에 처해질 것이다.

안수원 어록

언론은 민의의 대변이고 제보는 민의의 표출이다.

진리

인생의 비극은 목표를 이루지 못하는 것이 아니라 도전할 목표를 갖지 못하는 것이다.

억울한 옥살이

태양은 하늘에 높이 떠 있으나
나를 위함이 아니었구나.

어둠은 온 산야를 덮고 있으나
내가 쉴 곳은 천리 밖에 머물러 있으니
밤과 낮을 맞이하는 이 마음은
외롭기 그지없구나.

왕관을 빼앗기고 천 리 길 영월 땅에서
해와 달을 바라보며 왕후를 그리는
단종의 슬픔에 비할 수야 있으랴 만은
억울한 옥살이 경중이 있을까 보냐

시의 의미

시는 일단 간결해야 한다.
단 몇 줄에 모든 뜻이 함축되어야 한다.
시는 감상문이나 수필이 아니다. 슬픔에는 경중은 없다.
마음의 느낌일 뿐 실체는 없다.

안수원 어록

남을 인정하는 것은 곧 자신을 긍정하는 것이다.

진리

진정한 지도자는 봉사를 원한다. 결코 지배를 원하지 않는다.

一場春夢(일장춘몽)

몽롱한 봄볕에 취해 꿈속을 노닐 적에
아지랑이 진달래와 봄을 희롱하고
가을단풍에 취했더니 깨어보니 낙엽 일세

노년의 사내를 보고 놀랐더니 흘러간 세월 일세
세월의 무상함이 나그네만 찾았구나
흘러간 세월을 아쉬워한들 어이 하리

둘러본 고향산천은 세월이 비켜갔건만
공허한 마음을 무심한 세월에 띄어 보내네
흔한 객주집 마저 보이지를 않고

흔적 없는 그리움만 나그네를 반기네
가물거리는 아지랑이 사이로 객주집이 보이네
지친 몸을 잠시쉬어 목젖이나 축여볼까

시의 은유

꿈같은 세월이었다. 삶이란 다 그런 것이다.
망각의 세월 속에 어느 틈에 반백이 되고
잠시 고개를 돌리니 저승 문턱에 다다랐다.
지금이라도 숨을 돌리며 살자고 여유를 부린다.

안수원 어록

승자의 눈물은 사랑을 남기고 패자의 눈물은 증오를 남긴다.

진리

꽃 한 송이 피었다고 봄이 온 것이 아니라 온갖 꽃이 만발해야 비로소 봄이 오는 것이다.

이승과 저승

온다고 올 수도 없으면서
간다고 갈 수도 없으면서

이승이 현실인지 저승이 현실인지
저승이 꿈인지 이승이 꿈인지

분간할 수 없으면서
방황은 이어진다.

온다고 올 수만 있다면
간다고 갈 수만 있다면

저승의 한 귀퉁이마저
방황을 마친 후 알려주려무나.

시의 의미

우리 인간은 꿈속을 살고 있는지도 모른다.
우리가 저승에 갔을 때 꿈에서 깨어날 수 있는지도 모르겠다.
아니면 저승에 가는 것은 영원한 꿈의 세계로 가는지 알 수 없다.

안수원 어록

그대들이 바쁘다는 시간들이 네 건강을 위함이더냐. 네 마음을 위함이더냐. 네 이웃을 위함이더냐. 오직 네 추한 탐욕을 위함이다.

진리

군중은 누구든지 다른 행동을 하는 자를 용서하지 않는다.
(혹시 그쪽이 옳을지 모른다는 커다란 두려움을 갖고 있기 때문이다.)

술잔

넘치는 술
넘치는 정
죽음의 序曲(서곡)
거스를 수 없는 애환
그 자리에 우리가 있다.

부딪치는 잔
주고받는 정
사탄의 손짓
저버릴 수 없는 정
비틀거리는 발길

언젠가 멈추어질 발길
언젠가 놓아야 할 술잔
그래도 술잔에 정은 이어진다.
오늘도 변함없이...

시의 의미

술은 악인가 선인가.
다양한 술의 종류처럼 다양한 인생사처럼 술은 여러 사연에 자리에 함께한다.
그리고 여러 사연을 어루만진다.
보약으로 마시지는 않을 터, 마시니 좋고 취하니 좋다.

안수원 어록

하늘은 어떠한 경우라도 기적을 승낙하지 않는다. 그에 상응하는 조건이 갖추어졌을 때만이 기적을 허락한다. 인간은 그것을 단지 우연이라고 생각한다.

진리

태어나지 않는 몸이라면 죽는 일도 없다.
(이것을 불생불멸이라 한다. 최고의 불안은 죽음이며 최대의 안심은 불멸이다.)

業(업)

귀가 듣기 싫으면 귀가 아프고
눈이 보기 싫으면 눈이 아프다.

코는 맡고 싶은 냄새만 좋아하고
입은 맛있는 음식만 좋아한다.

머리는 교활한 짓만 꾀하고
마음은 악한 것만 품고 있다.

손은 이 세상 온갖 것을 만지며
발 또한 온갖 곳을 다 찾는다.

귀가 이 추함을 다 들으니 아프지 않겠느냐.
눈이 이 더러움을 다 보았으니 아프지 않겠느냐.

아! 태어남 자체가 罪惡(죄악)인 것을.....

시가 있기까지

우리가 일상에서 저지른 모든 삶 그 자체를 업이라 말한다.
우리의 업 그 자체는 악과 동행한다고 볼 수 있다.
五慾(오욕)을 버릴 때 그게 전생의 업에서 벗어나는 길.

안수원 어록

소인배란 실력을 인정할 줄 모르고 실력을 알아보지도 못하고 실력을 알려고도 하지 않으며 실력을 시기하기만 한다.

진리

만물은 비 실재 요술 같은 것. 삶은 미망이요 꿈 같은 것.

꿈길

삶에 날갯짓의 지친 육신을
누이고 내일에 飛上(비상)을 위해
꿈 나래를 펼친다.

무수한 별빛 무리가
길을 안내하고 가쁜 호흡이
잦아질 때쯤 날개옷을 접은
천사가 살포시 침실을 노크한다.

이제 삶에 질긴 고리의 버거운
멍에를 벗어 던져버리고
마차는 천사의 안내를 따라간다.

시가 있기까지

우리가 꾸는 꿈은 무엇일까.
희망을 꾸고 있을까.
아니면 심신의 감각신경의 방황일까.
현실에 꿈과 꿈속의 꿈의 괴리는 입증될 수 있을까.
아무튼 꿈속의 꿈도 현실의 꿈도 좋은 꿈도
좋지 않다고 여겨지는 꿈도 꿈일 뿐.

안수원 어록

진리는 책에 있는 것이 아니라 행동에 있고 진리는 배워지는 것이 아니라 깨달아지는 것이다.

진리

사람에게는 古(옛 고)와 지금이 있으나 법에는 멀고 가까움이 없으며 사람에게는 어리석음과 지혜로움이 있으나 道(도)에는 성하고 쇠함이 없다.

개꿈

용꿈은 꿈에 용이 나타난다.

어제 밤에 꾸었던 꿈은
장자가 나비 되는 꿈도
나비가 장자 되는 꿈도
아니었다.

나는 내가 꾸었던
어제 밤의 꿈을
개꿈이라고 생각한다.

어제 꾸었던 꿈은
내가 개가 되는 꿈도
개가 내가 되는 꿈도
아니었다.

어제 내가 꾸었던 꿈에는

개는 한 마리도 보이지 않았다
그래서 개꿈이라는 것이다

개가 안 보여서

시의 의미

개꿈이란 별 볼일 없는 꿈이 아닐까. 그런데 시인은 개가 꿈에 나타나지 않아서 개꿈이라고 표현한다. 발상의 전환이 흥미롭다.

안수원 어록

질못 된 만남도 하늘의 뜻이며 행복한 만남도 하늘의 뜻이다.

진리

과도한 욕심보다 큰 참사는 없다.
(불만족 보다 큰 죄는 없다. 그리고 탐욕보다 큰 재앙은 없다.)

精進(정진)

아직도 버리지 못하느냐 탐욕을!
정말 버리지 못하겠느냐 미혹을!
끝내 버리지 못하겠느냐 삿됨을!

아직도 깨닫지 못하겠느냐 탐욕을!
정말 깨닫지 못하겠느냐 미혹을!
끝내 깨닫지 못하겠느냐 삿됨을!

부처님의 고행을
예수님의 보혈을
기억해라! 잊지 말아라!
모두 우리를 구원하려 함이니라!

시의 의미

인간의 탄생은 신의 숭고한 작품이다.
인간은 신의 손바닥 위에서 한 발짝도 벗어날 수 없다.
자신의 존재는 부처님의 고행과 예수 보혈의 대가이다.

안수원 어록

이유 없는 쾌락 뒤엔 반듯이 이유 있는 절망이 따른다.

진리

그림자가 싫다면 태양을 향해 돌아서면 되고 불행이 싫다면 행복을 취하면 된다.

착각

우린 지나쳐 버린 뒤에 아쉬워하고
떠나보낸 뒤에 후회한다.

찰나의 순간 속에 영원불멸을 착각한다.

무지의 무식함보다 지식의 간교함이
우릴 더욱 비애롭게 한다.

이미 정의로울 수 없는 모두는
한 무리의 사탄

이미 불의에 제압당한 정의를
우리는 정의로 착각한다.

시가 있기까지

우리는 있을 때의 고마움을 잊어버린다.
그리고 영원히 살 것처럼 산다.
배운자, 가진 자는 무지한 자보다 더 교활하다.
정의라는 단어 자체가 실종된 현실에서 불의가 정의로 둔갑했다.

안수원 어록

법조인들은 인간을 법으로만 보려한다. 법 이전에 인간의 존엄한 가치를 보아야 한다.

진리

인간을 창조하신 신께 드릴 수 있는 유일한 선물은 단 하나 뿐이다. 그것은 남에게 베풀 도록한 사랑이다.

연정

과연 인연은
서로 만남은
우연일까
필연일까

하늘의 흰 구름처럼
허공의 아지랑이처럼

새록새록 가슴에 싹트고
모락모락 가슴에 피어나고

때로는 한숨짓게
때로는 웃음짓게
때로는 눈물짓게

우릴 혼미케 한다.

시가 주는 의미

연정이란 남녀가 서로 이성을 그리워하는 현상이다.
누구나 한번쯤은 겪은 인생사.

안수원 어록

어느 누구도 옳고 그름을 판단 할 수없다. 어느 누구도 정의와 불의를 구분 할 수가 없다. 그들의 결론은 단지 그들의 생각일 뿐이다.

진리

사람들은 마치 절대 죽지 않을 것처럼 살며 절대 살아보지 않았던 것처럼 죽는다.

마음

행복은 가까이 다가와도
느끼지 못하면서

불행은 멀리서 손짓만 해도
금세 찡그러지네

찾아온 불행을
탓하며 괴로워한다.

시련은 하나님께서 주시는
사랑의 기회일 뿐

고통은 살아있음의 증거다.

시가 있기까지

어디에도 없는 마음의 노예다.
볼 수도 만질 수도 없다.
그러한 마음에 우리는 괴로워하고 즐거워한다.
다 부질없는 허상일 뿐이다.

안수원 어록

어느 곳에 떠오르는 태양은 동일하며 어느 곳에서 바라보는 태양도 동일하다.

진리

총에 맞은 상처는 나을 수 있지만 사람의 입으로 입은 상처는 두고두고 아물지 않는다.

靑春愛讚(청춘애찬)

초원에 꿈의 아지랑이 손짓하고
먼 산에 봄소식이 들려올 때
꿈꾸는 청춘은 젊음을 만끽했다.

긴 세월의 흐름을 온몸으로 체험하고
세월의 나락으로 곤두박질한
한숨 내쉰 자아를 본다.

하늘을 찌르는 이상도
현실의 지옥도 보았다.
허나 갈 길은 하나 뿐....

청춘 가슴 떨리는 봄이 내게도 있었다
그래서 청춘은 즐겁다 靑春愛讚.

시 탄생의 의미

인생은 꿈꾸고 있을 때 행복하다.
꿈이 사라진 현실은 무의미하다.
그래서 청춘은 즐겁다.

안수원 어록

소인배는 악연을 재수 없다 하지만 군자는 악연도 소중하게 여긴다.

진리

誠者 天之道也 誠之者 人之道也(성자 천지도야 성지자 인지도야)
참은 하늘의 길이요 참으로 행하는 것이 사람의 길이다.

無(무)

안다고 얼마나 알 것이며
모른다면 얼마나 모를 것이냐

어차피 다 알 수 없음은 매 한가지
진리는 하늘까지 닿아있고
깨달음은 발목에 이르렀는데

중생은 땅 바닥 같은 지식을 뽐내는구나
지식에 끝이 있더냐.
깨달음에 끝이 있더냐.

시의 의미

知者(지자)는 不言(불언)하고 言者(언자)는 不知(부지)하다.
"아는 자는 말하지 않고 말하는 자는 알지 못한다."
우리가 알고 있는 모든 것은 실은 바다에 한 방울 물을 떨어뜨리는 것이요, 허공에 터럭 하나 날리는 것에 지나지 않는다.

안수원 어록

정의는 구호로만 외치는 것이 아니라 행동으로 실천하는 것이다.

진리

만물은 변화한다. 시대는 변하고 우리는 시대와 더불어 변한다.

희망의 노래

햇빛은 동쪽에서 부는
바람에 실려 오고
비구름은 서쪽에서 부는
바람에 몰려온다.

봄소식은 남녘에서 부는
바람이 전해오고
동장군은 북녘에서 부는
바람이 함께한다.

땀방울은 바다에서 부는
바람이 식혀주고
비 내린 후 뭉게구름
솟아오르면 일곱 빛깔
무지개 희망이 찾아온다.

시가 있기까지

무지개는 신이 인간과의 약속에 증표다.
신은 어떠한 고통도 기쁨으로 승화시켜준다.
문제는 굳건한 믿음이다.

안수원 어록

범죄를 조작한 검사를 믿지 못해 특별검사에게 수사를 맡기듯이 사법농단의 주역 개판판사도 특별재판관을 임명해 재판을 맡겨야 한다.

진리

만물은 변화한다. 시대는 변하고 우리는 시대와 더불어 변한다.

베품

바다가 강물이 흘러옴을 싫어하더냐.
허공이 숨 쉬는 것을 짜증을 내더냐.

태양이 아침을 게을리 하더냐
달빛이 고고함을 귀찮아 하더냐.

꽃은 아름다움과 향기를 주고
새는 고운 소리로 연주를 하는데

몹쓸 인간은 받기만하고 감사할 줄모르네....

시의 의미

자연은 그 어느 것 하나 자신을 위하여 존재하는 것이 아니라
다른 이들을 위해서 존재한다.
그러나 인간은 모든 혜택을 자연으로부터 누리고 있으면서도
만족할 줄 모르는 탐심으로 가득차 있다.

안수원 어록

검사의 잘못된 수사는 한 인간만을 파괴시키지만 판사의 잘못된 판결은 한 가정을 파괴시킨다.

진리

신은 단순하다 惡(악)이냐 善(선)이냐다.
(그 이외의 모든 것은 복잡하다. 자연의 상대적 세계에서 절대적인 가치를 추구하지 말라!)

검사 놈들

네 이놈들아 인생 60년
천수를 누린다 해도

아쉽고 또 아쉬울 터
화살보다 빠른 세월

무죄한 놈 잡아다가
생이별 시켜놓고

네 새끼들 웃음 짓고
네 마누라 향기 맡고

네 애비 에미 보이더냐

시가 있기까지

이 나라는 검사 판사들이 나라를 망하게 하는 주범들이다.
추악한 대형범죄는 검사들의 몫이다. 검찰총장혼외자사건,
법무부차관 성폭행사건 등 이루 셀 수가 없다.

안수원 어록

그대가 힘들어 하는 것은 누가 그대를 힘들게 하는 것이 아니라 그대가 스스로 힘들다고 생각하기 때문이다.

진리

지혜와 믿음은 신에 이르는 중요한 두 갈래 길이다.

탐진강

이 강에 우리의 생명이 숨을 쉬고 있다.
우리는 이 강에서 꿈을 키웠고 희망을 보았다.
우리의 삶이 진하게 배어 있는 곳
무수한 선조들의 역사가 이 강물과 함께 흘러갔다.

태초에 신이 이 강을 허락했다.
대지 한가운데 생명의 젖줄을 허락했다.
그 자연의 흐름 안에 생명은 둥지를 튼다.
우리는 그들과 함께 삶을 노래한다.

이 아침 찬란히 떠오르는 태양 아래
출렁거리며 신의 섭리를 따라 흐르고
은빛 반짝거리는 우리의 생명의 광채는
이 땅이 신에게 부여받은 축복의 땅임을 증명한다.

이 강에 의지하며 숨 쉬는 이들이여
고마움을 느끼고 감사함을 보이자

사랑을 노래하고 자비를 찬양하자
그것은 신의 은혜를 알고 있음이여

선조들이 살아왔고 우리들이 살고 있고
우리 후손들이 살아가야 할 강이다.

해설

도심 한가운데를 흐르는 강은 흔치 않다.
탐진강이야말로 신이 내린 축복이다.
우리는 그 안에 호흡하고 있다. 삶의 터전 생명의 젖줄.

제3부

안수원 어록

우리가 원하는 모든 것은 우리 자신에게 있다. 그리고 우리가 원하지 않는 모든 것 또한 우리 자신에게 있다.

진리

오직 사랑으로 살아야 한다는 것을 기억하라. 하나님에 대한 사랑과 서로에 대한 사랑으로 살아야 한다는 것을 잊지 마라. 항상 사랑으로 살아가라. 그것이 천국으로 가는 길이다.

空(공)

당초에 없는 걸
있음도 없음이며 없음도 있음이라
우주 삼라만상이 마음 안에 있는 걸
모두 그림자 같은 것

밖에서는 안이 갇혀있음이요
안에서는 밖이 갇혀있음이라

단지 그렇게 느낄 뿐
느낌은 어디 있고 메임은 어디 있는가
고통은 어디 있고 기쁨은 어디 있는가
모두 허공 같은 것

우리는 무지개를 잡으려 구름을 쫓고 있구려
망상의 끊을 놓지 못하고 탐욕을 버리지 못하고
있지도 않고 없지도 않는 걸 탐하려 하는구나

시가 머무는 생각

일생을 우리는 허황된 생각으로 가득 차 있다.
그러나 지나고 나면 모두가 허황된 꿈이다.
보는 관점에 따라 다르다. 모든 세상에 이치가 그러하다.

안수원 어록

국가란 개인의 삶을 여러 가지 법으로 제약을 두는 것을 최상으로 두지 않고 최소한의 법으로 인간의 삶의 질을 최상으로 만들어주는 것이다.

진리

"음악 소리가 텅 빈 구멍에서 흘러나온다." ~장자~ 악기나 종은 공명이 이루어져야 소리를 낸다. 상대의 말을 왜곡하지 않고 있는 그대로 받아들이기 위해서는 마음이 비어 있어야한다. 텅빈 마음이란 아무것도 생각하지 말라는 뜻이 아니다. 편견과 아집을 잠시 접어두라는 의미다.

나그네

외롭게 걷고 있는
오솔길에 길손이여

반겨줄 이 누구인가
가던 길을 재촉하네

이보게 나그네
무얼 그리 재촉 하뇨

한세상 살아보니
바쁜 일 없었나니

해 떨어지면 달뜨니
쉬어간들 어떠하리

시상 음미

우리는 나그네처럼 매일 매일을 다람쥐 쳇바퀴 돌리듯이 살아간다.
그렇다. 우리가 이렇게 바쁘게 살아가는 최종 목적지는 어디냐?
어느 날 저승사자의 부름을 받을 것이다. 그때서야 우리는 멈출 것이다.
인생길 나그네여~ 해가 지면 내일 다시 해가 뜨니 쉬~엄 쉬~엄 살아가세.

안수원 어록

출세와 성공들이 우리를 행복하게 해줄거라 믿으나 우리는 바로 그것들의 노예가 된다.

진리

하나님의 사랑 속에는 노여움도 없고 분노도 없고 질투도 없으며 오직 사랑과 용서만 있다.

누명

죄인으로 씌어진 멍에

진실을 신은 알고 계시나니
두려움 없다.

법복 속에 감추어진 교활함이
사탄의 혓 놀림으로 조작했나니

내 통한의 억울함이
내 놈에 피를 원하노라

닥쳐올 그 심판의 날
내 무죄함과
네놈의 피와 바꾸리라

시 촌평

이 나라 검사들은 정의를 수호하고 불의를 단죄하는 자들이
아니라 불의를 저지르는 사탄의 무리들이다.
어찌 이들이 지옥 불에 처해지지 않을 수가 있겠는가?
단지 시간이 아직 멀었을 뿐이다.

안수원 어록

살아가면서 무엇을 이루려고만 하지 말고 어떻게 바르게 살 것인가를 생각하라.

진리

은혜란 하나님의 사랑을 더 받기 위해 할 수 있는 일이 아무것도 없다는 뜻이다 또 무엇으로도 하나님의 사랑을 약화시킬 수 없다는 뜻이다.

獨守空房(독수공방)

춘풍명월이 하늘에 떠있는 듯
구름 한숨 돌리는 고산마루

추풍명월 서리서리 고이접어
임의 품에 넣으리니

봄눈은 어이 가고
눈물만 흘렸는가?

시의 여정

봄은 봄 대로 달 밝은 밤 임의 품이 그립고
가을 달빛은 가을밤 대로 가슴이 시리다.
임의 품은 어이가고 눈물자국만 남는다.

안수원 어록

이 나라가 바로 서고 정치가 정도를 지향하기 위해서는 오직 고통을 주고 죽이는 공부만을 했던 검·판사 출신 국회의원을 한 명도 뽑지 않을 때 가능하다.

진리

생각이 다르다고 그 사람을 박해하거나 죽이지 않기 위해서는 반듯이 전제되어야 할 조건은 어떤 생각도 특권화 권력화 되지 않아야 한다.

두 바보의 미학

너 바보 아니야?

아니야!
나 바보 맞아

그래 너 바보야

아니야!
나 바보 맞아

그래 너 바보야

아니야!
바보는 아니야

그냥 바보야

시의 해설

우리는 남을 무시하려는 경향이 있다.
그러나 실은 알고 보면 자신이 더 무식하다.
갑질 문화는 남을 무시하는 데서 비롯됐다.
결국 자신도 그 바보무리의 일원이라는 사실이다.

안수원 어록

괴로워서 죽는 것이 아니라 그 괴로움을 이겨내지 못해서 죽는 것이다.

진리

사람은 모름지기 한 번은 반듯이 죽게 되지만 태산보다 더 무거운 가치가 있는 죽음도 있고 기러기 털보다 가벼운 개죽음도 있다.

夢(몽)

밤이 긴 것이 아니라
외로움이 깊은 것이다
낮이 긴 것이 아니라
삶이 외로운 것이다

사랑은 어디 있고 미움은 어디 있나
자비는 어디 있고 탐욕은 어디 있나

생은 아침 이슬 같은 일장춘몽
아~ 아 본디 없는 그것들
떠나는 배는 온다는 기약 없고
가는 인생은 다시 올 수 없나니

고통도 삶이요 행복도 삶인저
분노도 여정이요 인내도 여정인저
옳고 그름은 누가 정하고

잘나고 못남은 어디가 기준인고
아~ 하루살이 같은 인생

시가 있기까지

삶이란 고달프고 힘들다. 그러나 살아있는 그 자체가 행복이다.
쇠똥 밭에 뒹굴어도 이승이 좋다는 속담도 있다.
그러나 우리의 삶 자체가 허상이라는
사실을 깨닫는다면 현재의 삶에서 보람을 찾을 수 있다.

안수원 어록

우리는 아부를 비난한다. 그러나 아부라고 하지 않고 칭찬이라고 한다면 비난할 원인이 제거된다. 왜냐면 아부란 입으로 짓는 중죄 어디에도 없기 때문이다.

진리

기쁨이 넘치는 마음은 이 세상의 돈을 모두 가진 것보다 값진 것이다. 마음에 가득찬 기쁨은 여러분의 삶을 아름답게 완성시켜주지만 주머니에 가득 찬 돈은 여러분의 삶을 공허하게 만든다. 항상 하느님으로부터 오는 기쁨을 찾고 돈으로부터 오는 슬픔을 거부하라.

無辭可答(무사가답)*

잘났으면 얼마나 잘 났냐
못났으면 얼마나 못 났냐
백지 한 장 차이인 걸
월궁항아*도 그림 속의 떡일 뿐

높으면 얼마나 높을까
10척 장신 없나니
낮으면 얼마나 낮을까
1척 단신 없나니

사서삼경을 통달했던 학문도
한 주먹 크기 머릿속에 들었으며
우주를 희롱했던 영웅호걸의 기상도
한 치 안 되는 마음속에 담겼나니

지자는 불언하고 언자는 부지니라

* 無辭可答(무사가답) : 사리가 정당해서 무어라고 답변할 수가 없음
* 월궁항아 : 달에 있는 궁에 산다는 전설의 선녀

시의 해설

잘나고 못남도 눈에 비추는 속임수요.
학문도 한낱 글장난에 지나지 않는다.
영웅호걸의 기개가 실은 인간의 희생의 산물일지니 꼭 우러러야 하는가.

안수원 어록

누구나 성공하고 출세할 수 있으나 다만 성공과 출세에 이를 수 있는 행동을 실천하지 않을 뿐이다.

진리

운명이라고 부르는 것은 대개의 경우 그들 자신의 어리석은 행동에서 온다. 나쁜 짓은 저쪽 세상에서 보복을 당하는 것이지만 어리석은 행동은 이미 이 세상에서 보복을 받기 때문이다.

無欲(무욕)

찬란한 영광은 무엇이며
처참한 몰락은 무엇이냐

한 줌도 못 되는 삶

아귀다툼 아비규환
모든 것을 버리는 순간

자유를 얻는다.

시의 해설

영화롭거나 지극히 비참하거나 다 부질없다.
삶이란 영광스러우면 고통이 있고 비참하면 아픔이 있다.
돌아보면 허무할 뿐 사는 것이 다 허상이다.

안수원 어록

현 세상은 온통 사탄들의 천지다. 인간들도 모두 탐욕에 적은 사탄이 되어버렸다.

진리

늙는다는 것은 앞으로는 시간이 없으며 뒤로는 더 실수를 남길게 없다는 것이다.

默言(묵언)

진리의 묵언
마르지 않는 진리에 솟구침이
오늘 다시 한 번 자아에게
또 다른 아픔을 준다.

영혼에 아픔이 내 마음에
또아리를 틀고 난 다시
새로운 방황 그 길을
정처없이 떠나련다.

시의 산책

말을 하지 않아도
진리를 수행하는 자는 뼈를 깎는 아픔이 수반된다.
수행자의 마음 속에 늘 간직하는 환희에 찬 희열의 순간을 탐익하며
고행의 길은 이어진다.

안수원 어록

여자는 많다. 그러나 좋은 여자는 적다. 물론 남자도 많다. 그러나 좋은 남자는 많지 않다.

진리

한국인은 공공의 영역, 공중도덕심에 대해 아무런 개념도 없고 배려심도 없다. ~스콧버슨~

默言의 사랑 묵언

시인의 꽃밭을 맴돌던
노랑나비 한 쌍 뜨거운 사랑을 속삭인다

시인의 시선에 얼굴을 붉히며
떨어져 꽃밭에 앉는다.

날갯짓으로 속삭이던 이들은
시인의 따가운 시선을 피한다.

보금자리로 날아가버린
시인의 텅 빈 꽃밭

그들이 떠나간 시인의 꽃밭엔
묵언의 사랑이 진한 향기를 풍긴다.

시인의 마음

우리는 사랑이란 언어로 상대를 소유하려하고 구속시키려하고 한다.
진정한 사랑은 자유스러워야 한다.
시인은 사랑을 속삭이는 나비에서 너풀거리는 자유로운 사랑을 발견한 것이다.
시인의 마음은 그런 사랑이 아쉬운 허전함으로 밀려온다.

안수원 어록

해방 후 저질렀던 검·판사들의 만행에 구천을 떠돌던 억울한 민초들의 넋의 원혼들이 오늘 검찰개혁의 촛불을 밝힌 것이다.

진리

죽게 되리라는 사실은 누구나 알지만 자신이 죽는다는 사실은 아무도 믿지 않아 만약 그렇게 믿는다면 우리 모두는 다른 사람이 될텐데.

문명

太古 이래 셀 수 없는 유성들이
삼라만상을 찬미하고
풀 수 없는 수수께끼처럼
단견의 지식을 깨닫고 자아를 태웠다.

동지 햇살의 따스함이 느낄 때
태양은 어둠 저편으로 도망치고
풀다만 숙제는 창조주의 몫으로 남는다

太初 이래 무화과를 따먹던 순간부터
창조주의 이기가 그러했거늘 무엇을 탓하랴

지금도 자신을 태우는 그들에서
태양은 새로운 아침을 맞는다.

시 탄생의 산고

문명의 발전은 오늘날 인간에 번영을 이루었다.
그러나 과연 이것이 인간에 이로운 일인가.
오직 창조주만이 정답을 가지고 있다.
태초에 천지가 창조되고 그 안에 인간이 살아왔다.
우리가 알고 있는 답이다. 나머지는 신이 몫이다.

안수원 어록

대한민국 검사는 죄 없는 사람 열 명을 죄인으로 만드는 한이 있어도 단 한 명의 죄인도 놓쳐서는 안 된다. 미국 검사는 죄있는 사람 열 명을 놓치더라도 단 한 명의 죄 없는 국민을 죄인으로 만들지 않는다.

진리

희망은 즐거움이 아니라 희망이라는 위안을 받으려는 마음에 속임수다.

迷妄(미망)

높아진다고 하늘 위를 오르겠느냐
낮아진다고 땅 밑으로 가라앉겠느냐

네 마음이 고작 한 뼘도 못되거늘
네 아만은 하늘을 찌르고

네 탐욕은 우주를 탐하고
네 교만은 대지를 더럽히노니

어찌 한 뼘도 못된 마음으로
청아한 우주를 희롱하려 드느냐

시의 해설

인간은 실로 위대해지려 한다. 하늘보다 더 높아지고 싶어 하고
희말리아 산이 황금이 변한다 해도 탐욕을 멈추지 않는다고 부처가 설했다.
그것은 어리석기 그지없는 미망임을 작가는 은유하고 있다.

안수원 어록

인간은 꿈꾸며 성장하고 미래의 희망을 품고 현재를 살아가며 추억을 회상하고 그리워하며 늙어간다.

진리

깨닫지 못한 자가 깨달은 척 하는 것은 온 세상을 훔치는 것.

민들레

눈이 부시게 햇살이 달리고
노래하는 노오란 생명의
고마움에 머리를 숙인다.

닫혀진 담벼락 갓길에
생명이 살아있음을 노래하고
움트는 희망을 보여준다

의지 꺾인 이들에게도 꿈이 있음을
눈이 부시게 빛나는 햇살에
노오란 생명은 희망을 노래한다.

시의 여정

오염되지 않는 자연 속에 뿌리내린 생명은
씨앗이 되어 허공을 떠돌다. 자연에 뿌리를 내린다.
생명에 존엄한 가치는 찌는 태양 아래
노란 생명력으로 인간에게 삶과 의지를 심어준다.

안수원 어록

개판국민은 개판정치를 만들고 정의로운 국민은 정도정치를 만든다.

진리

세상이 어떻게 존재하느냐 하는 것보다 그것이 존재한다는 사실 그 자체가 신비스럽다. ~비트 켄슈타인~

미지

한 움큼 따사로운 햇살을 받으며
지구 저쪽 한편에 펼쳐지는 세계
산야를 가르는 선상 위에
우린 미지의 안면을 익힌다.

누구랄 수 없는 서로의 심중이
한 움큼 따사로운 햇살처럼
서로를 어루만진다.

점점 벗겨지는 서로의 가면 속에
서로는 더 가까워진다.

누가 먼저랄 것도 없는
달과 별의 반짝임에
시샘하는 서로에 진심은
더욱 열정 넘치는 빛을 뿌린다.

무엇을 하고자 함이 아니지 않는가!
무엇을 얻고자 함이 아니지 않는가
밤하늘을 외로이 걷는 나그네의
벗이 돼 주고자 함이잖는가

수고한 사랑에 열정을 한아름 나누어줌으로
그녀의 마음은 벗기어지는가 보다.

시평

우린 생면부지로 만난다. 그리고 그 과정 속에 서로를 하나하나 알게 되고
결국 사랑을 속삭이게 된다. 마음을 주면 마음이 되돌아온다.
진심이 담겨진 마음의 전달이 숭고한 사랑을 쟁취할 수 있다.

안수원 어록

살아가면서 계획했던 모든 일들은 시간이 없어서 이루지 못하는 것이 아니라 행동으로 옮기기를 포기함으로 이루지 못하는 것이다.

진리

소인은 이로우냐 해로우냐를 따지고 군자는 옳으냐 그르냐를 따진다.
소인의 역할은 누구나 대신할 수 있으나 군자의 역할은 누구나 대신할 수 없다.

半僧反俗(반승반속)*

아~ 나는 누구인가?

이 세상 악행 다 저지르고
그러고도 아직 뉘우침이 없는
아~ 나는 누구인가?

이 세상에 가장 못난 놈이
그러고도 아직도 잘 난 체 으스대는
아~ 나는 누구인가?

위선과 가식의 가면을 쓰고
하느님과 부처님까지 속이려는
아~ 나는 누구인가?

아비규환 생지옥에 떨어져도
결코 값 비싸지 않을 죄인

아~ 나는 누구인가?

*半僧反俗(반승반속) : 반은 승려, 반은 속인.

시의 해설

시인은 스스로에게 묻고 있다. 자신은 죄인이라고
우리는 삶 그 자체가 악이고 범죄함이다. 성철스님이
지은 죄가 수미산 만하다고 했던가.

안수원 어록

어떠한 수모와 고통도 진리를 추구하고 정의를 실천하기 위해서 겪은 과정이라면 설혹 누가 알아주지 않는다 해도 두려울 것이 없다.

진리

인류여 신을 두려워 하라. 신들은 손에 영원한 지배권을 쥐고 마음 내키는 대로 이것을 사용할 수 있으니.

불행의 찬가

고통은 상대의 불행을
대신해 주는 것이고

기쁨은 상대의 행복을
빼앗는 것이다

자비는 자신의 기쁨을
나누어주는 것이고

불행은 행복으로
가는 길의 안내자다

희망이라는 것도
사실은 삶의 속임수일 뿐

대저 고통과 환희는

생각의 차이일 뿐

존재하지 않는 허상

시의 탄생의 의미

한정된 행복 속에서 혼자만 그 행복을 차지하는 것은 욕심이다.
물론 불행도 양이 정해져 있다.
내가 그 불행을 가져가야 누군가가 가져갈 불행이 줄어들고 소멸된다.
그러면 불행도 기꺼이 맞이할 수가 있다 시인의 생각이다.

안수원 어록

팩트는 사실을 지칭한다. 그러나 진실이나 진리로 여길 수는 없다.

진리

당신의 미덕을 사람들이 알아주는 것이 중요하다면 당신의 미덕은 아직 당신이 바라는 수준에 도달하지 못한 것이다. 당신에게 중요한 것이 하나님의 생각이 아니라 다른 사람들의 생각이 당신은 결코 진정한 미덕을 갖지 못할 것이다.

思念*과 邪念*　　사념

그건 모두가 네 자신들의 思念일 뿐이야　　사념

구름이 우쭐댄다
나처럼 창공을 유유히 거닐어 보아라

바람이 뒤질세라
나처럼 시원스레 날아가 보아라

달님이 조용히 응대한다
나처럼 온 누리를 비추어보아라

잠자코 있던 태산이
나처럼 수 만년을 의연히 제자리를 지켜라

인간이 빙그레 미소 지으며
그건 모두가 네 자신들의 邪念일 뿐이야

*思念(사념) : 마음속의 생각들

*邪念(사념) : 올바르지 못한 생각

시의 의미

삼라만상은 제각기 가지고 있는 고유성이 있다.
그걸 가지고 자랑하고 으시대는 것이야 말로 어리석기 그지없다.
천지는 이렇게 서로 보완하면서 서로 조화를 이루는 것이다.
자신이 가지고 있는 것은 다른 사람에게 나누고 부족한 것은 다른 사람을 빌어채우라고 시인은 말하고 있다.

안수원 어록

불의는 아무리 작아도 밝혀져야 한다.

진리

우리가 하는 일은 기적이 아니다. 기적은 그런 일을 하면서 우리가 행복하다는 것입니다. ~마더~

삶

털거덕 거리는 인생의 레일 위에 늘상
순탄함을 희구했던 욕심은 아니었다.

이따금 솟구치는 악의 생명을 잠재우기 위해
본능은 늘 이성의 그날에 안주해야만 했다

철없는 무지의 소산 때문에 자행되었던
죄악의 업보를 감수해야하는 현재가
후회와 번민의 시간들이 고통의 진통 속에
훌륭한 미래를 잉태시키는 참선의 길

매서운 겨울은 따뜻한 봄이 오기 위함인 것을

시평

삶은 살아가면서 배워가는 것이다.
왜냐면 인생은 전혀 경험해 본 적이 없기 때문이다.
인생은 기쁨과 슬픔이 교차된다. 그러나 고통 뒤엔 언제나 행복이 온다.

안수원 어록

범인을 범인으로 만드는 것은 어떤 검사도 할 수 있다. 그러나 무죄한 사람을 범인으로 만드는 것은 가장 교활한 검사만이 할 수 있다.

진리

가슴에 증오를 품고 있으면 사는 것이 비참하고 가슴에 사랑을 간직하고 있으면 기쁨을 누리게 된다.

삶의 이치

탐욕이 새벽을 깨우고
어둠이 안식을 찾는다.

달빛은 나그네 길을 밝히고
사랑은 마음에 불을 밝힌다.

자연으로 돌아가고
자연 속에 누운다

그게 전부다

시가 있기까지

일어나는 순간 우리는 삶에 매진해야 한다. 사랑이 메말라버린 현실을 질주한다.
그러나 삶에 본질은 이것이 아니다 사람답게 사는 것 사랑이다.
돌아갈 자연, 그 자연처럼 살다가 가는 것 참된 삶 시인은 그걸 말하고 있다.

안수원 어록

정의를 실천한다는 이유로 불법과 결탁하는 것은 차라리 정의를 내세우지 않음만 못하다.

진리

용기란 두려움이 없는 것이 아니라 두려움을 이기는 것 용감한 사람은 무서움을 느끼지 않는 사람이 아니라 두려움을 정복하는 사람이다.

色卽是空 1 색즉시공

어리석은 이는
영원불멸을 꿈꾸고

진리를 수행하는 자는
죽음을 먼저 생각하네

탐욕에 허상이
중생을 미혹에 빠뜨리니

존재하는 것도 허상
존재하지 않는 것도 허상

시의 해설

우리는 입으로 말하기는 아주 쉽다.
진리도 그렇고 탐욕도 다 버릴 것처럼 떠 벌린다.
그러나 말은 그럴듯하지만 행동은 정반대로 간다. 그래서 인간은 미완성품.

안수원 어록

무조건 구속부터 시키는 것은 법이 아닌 폭력이다. 불구속 재판도 최종판결에 의해 당연히 구속된다.

진리

대개의 경우 잘못된 것은 우리의 가치관들이 아니라 그 가치관들에 대한 우리의 우선순위다.

色卽是空 2 　　색즉시공

있는 것도 없다하네
없는 것도 있다하네

시름을 달래려고
한잔 술에 취해보네

울분을 달래려고
담배 연기에 취해보네

시름도 있고 울분도 있네
도무지 알 수가 없구나.

色卽是空(색즉시공)

시의 해설

있다고도 하고 없다고도 하니 어느 장단에 춤을 추어야 하나.
분명 마시면 취하니 있는 것이요, 깨고 보니 다시 말짱해지니 없는 것이다.
오락가락한다.

안수원 어록

의식의 부재는 행동의 부재로 귀결된다.

진리

2주 동안 남의 말에 귀 기울이면 남의 관심을 끌기 위해 2년 동안 노력하는 것보다 더 많은 친구를 얻을 수 있다.

色卽是空 3 　　색즉시공

본디 없었던 흔적을
남기려 하기 말거라
일렁이며 파도치는 물결이
파도에 흔적을 남기더냐

본디 없었던 흔적에
집착하지 말거라
허공을 가르던 바람이
허공에 메달더냐

보디 없었던 흔적을
인간이라고 예외일 수 없나니
청아한 우주에
인간의 흔적을 남기지 말거라

본디 너와 나는

있지도 않았고
없지도 않았다
본디 우린 공이었다.

시의 해설

빈 몸으로 태어나 옷 한 벌을 걸치지 않소.
우리는 이처럼 아무 가진 것 없이 태어났다. 그리고
다시 우리는 빈 몸으로 간다. 올 때와 같다. 모든 게 허상이다.

안수원 어록

우리는 정의를 말한다. 그러나 실천하지 않는 정의는 정의가 아니다. 정의는 아무리 사소한 정의 일지라도 정의다.

진리

부자로 살려고 노력하는 것은 가장 빈천한 인생을 살고자 하는 것이고 출세하려고 애쓰는 것은 인생을 가장 어리석게 살고자 함이다.

水木之監(수목지감)

바람이 흔들려주는 대로
흔들려준다

크게 흔들리면 크게 흔들려주고
작게 흔들리면 작게 흔들려준다.

나무에 생존법칙이다

물은 낮은 곳으로만 흐른다.

빽빽한 대숲을 탓하지 않고
그 사이를 흐른다.

가로막는 바위를 원망하지 않고
돌아서 흐른다.

물이 상선약수인 이유다.

*水木之監(수목지감) : 인간의 삶의 깨달음을
물과 나무에서 살핀다.

시 해설

인간은 자연에서 진리를 찾아야 한다.
인간사에서는 볼 수 없는 진리들이 자연에서는 수없이 제시하고 있다.
단지 탐욕에 눈으로 보면 볼 수가 없을 뿐이다. 먼저 마음을 청아하게 하는 일
시인이 추구하고자 함이다.

안수원 어록

대다수 국민에게 경찰, 검사, 판사들은 진실이나 정의 따위는 존재하지도 않고 존재한 적도 없다. 단지 정의를 기만한 악마들이 난무할 뿐이다.

진리

타인의 특성이나 영역을 고려하지 않고 내가 옳다고 생각하는 것만을 강요한다면 그것은 폭력이다.

아~ 6·25

청춘의 함성소리 울렸으니
새벽의 아침이 열렸다.

열려있는 대지의 숨소리에
민족은 희망을 심었다.

못다 핀 꽃 봉우리 눈물이
이 강산을 피로 지켰다.

아~ 고혼의 넋들이시여
이 강산을 걱정하시나이까?

시상의 음미

이 강산을 지킨 넋들, 그들의 한 맺힌 피눈물의 절규를 듣고 있는가?
시인은 묻고 있다. 6·25사변은 불과 수십 년 전에
이 강산을 휩쓸고 간 처참한 살육의 비극이다.

안수원 어록

부자로 죽기 위해 오늘을 거지처럼 산다.

진리

사람들의 성품은 수고로움을 싫어하고 안일을 좋아한다. 따라서 그들을 편안하게 놓아두면 본업이 황폐해지고 황폐해지면 다스려지지 않으며 다스려지지 않으면 혼란해진다.

저승

가는 이는 있는데 되돌아오는 이는 없네

그 길은 정녕 다시 올 수 없는 길인가
그 길은 정녕 그리 무서운 길인가

아버님도 가셨고 어머님도 가셨네
앞서거니 뒷 서거니 恨을 앉고 가셨네
이 자식 놈 그립기도 할 텐데 소식조차 없네

형님도 가시고 벗들도 갔건만 도무지 소식이 없네
에~라 이놈이 직접 찾아 나서 보련다.
다시 못 올 길이라면 그들과 어울려 아예 눌러 살련다.

시의 탄생의 의미

우리는 이승을 노닐고 있다. 그리고 生者必滅(생자필멸)의 법칙에 의해서 반드시 죽는다. 그 저승길을 미리 음미함으로써 삶에 대한 성찰의 기회로 삼고자 한다.

안수원 어록

인간이 허상이라는 가장 확실한 증거는 현미경으로나 볼 수 있는 정자와 난자에 의해서 인간이 태어났다는 인간생성의 최대 코메디 때문이다.

진리

군중은 누구든지 대중을 압도하는 자는 성토한다. 그쪽에 대한 위기의식과 커다란 두려움 때문이다.

아집

내가 옳다고 주장하는 것은
옳은 것이 아닐 수도 있다.

그가 그르다고 판단했지만
그것은 옳은 것일 수도 있다.

그가 옳다고 주장하는 것이
진실일 수도 있다.

내가 그르다고 판단했지만
그것은 옳은 것이 아닐 수도 있다.

우리는 단지 자신의
아집에 의존하고 산다.

시의 음미

우리는 자신에 대한 가족에 대한 편견에서 벗어나지 못하고 있다.
옳다는 기준도 없다. 당연히 그르다는 기준도 없다.
무수한 이론과 학설들은 자신의 편견에 의해서 제시된 아집의 결정체일 뿐이다.

안수원 어록

여자들은 재미없는 말도 하루 종일 한다.
그러나 남자들은 재미있는 말도 하루 종일 못한다.

진리

누구나 신념을 훼손하는 것은 잘못된 일이다. ~데이몬스~

愛別(애별)

굵은 빗줄기가 진종일
심장을 두드린다.

가을 스산한 찬바람이
폐를 찌른다.

흘러내리는 노래 가락은
귀를 울게 한다.

시야는 뿌연 안개로
눈물을 감춘다.

짓궂은 신의 장난에
메꿀 수 없는 상처를 주고

천길 나락으로 곤두박질 친다.
아픈 사랑의 이별

시가 주는 의미

사랑하기 때문에 헤어진다. 신파극의 배우가 한 말이다.
과연 현실도 그럴까 천부당 만부당한 일이다.
헤어지는 서러움이 이 같을진데 누구나 알았던 가슴앓이다.

제4부

안수원 어록

천재와 둔재란 백지 한 장 차이이다. 단지 하고자 하는 열정 차이일 뿐이다.

진리

제도가 어떻든 간에 진실과 정직에 근본을 두지 않는 사람들과는 상종하지 않는다.
진실은 인간 그 자체이다.

어리석은 인간

내 눈이 남의 허물을
아름답게 볼 수 있다면

내 귀가 남의 비방을 듣고도
아름답게 들을 수만 있다면

내 입이 좋은 말과
칭찬만을 전해질 때

내 양심이 언제나
선함으로 가득 차 있을 때

그리고 내 머리가
진리로 가득 차 있을 때

아~ 나는 이제야 보잘 것 없는 인생

겨우 사람다운 삶을 살고 있구나.
알게 된 것이다

시평

우리는 우리가 원하고자 하는 대로 보고 듣고 말하고 행동하려 한다.
그러나 그것은 옳은 일도 아니고 진리도 더더욱 아니다.
진정 아름답게 볼 수 있고 아름답게 들을 수 있고 아름다운 말을 할 수 있기를 바란다고 시인은 자신에게 충언하고 있다.

안수원 어록

이상과 현실은 동전의 양면과 같다. 펼쳐 보이기 위한 지혜가 이상이며 그 지혜를 펼치면 현실이 된다.

진리

화는 판단을 흐리게 하고 분노는 완전히 잘못된 판단을 하게 한다.

억불산

태초에 이 고장에 삶의 시원을 열었던 산
민초들의 애환을 굽어보고 있었다.
서러운 이별도 환희에 찬 상봉도
억불산 자연 속에 묻혔다.

악을 멸하려는 폭우의 비바람 속에
제물로 승화된 억불산 며느리바위는
영원히 장흥을 지켜주겠다는
억불산 산신령과 며느리와의 약속

억불산 자락에 펼쳐진 평원
변함없이 이어진 억불산 자비는
억만 겁의 세월에도 이어진다.
신의 은혜의 축복 아래....

억불산 며느리바위는 한 권의 불교 경전이다.

선을 행하려고 자신을 화석이 되는 아픔 그 자체가 경전인 것이다.

산 아래 펼쳐진 평원, 그리고 도심을 가르는 탐진강.

신의 축복이 아니라고 부정할 수가 없다.

시의 이해

안수원 어록

검사들은 자신들의 수사는 모두 정당하다고 주장한다. 물론 판사들도 자신들의 판결은 모두가 옳은 판결이라고 주장한다. 그러면서 피고들이 자신의 결백을 주장하는 것은 뉘우치니 않는다고 협박한다.

진리

권력과 그 수단으로서 폭력에 몸 담은 사람은 악마의 힘과 결탁한 것이다.

輪廻(윤회)

바람이 불지 않는다고
바람이 영원히 불지 않는 것은 아니듯이

구름이 하늘에 떠있지 않는다고
구름이 다시 나타나지 않는 것이 아니듯이

달빛이 구름에 가려 보이지 않는다고
구름이 영원히 달님을 가릴 수 없듯이

밤이 되어 어둠이 찾아왔다고
태양이 다시 떠오르지 않을 수 없듯이

우리의 삶이 끝나 죽음에 이를지라도
금생의 선악의 업장은 지워지지 않는다.

시의 여정

인간은 순간순간의 喜怒哀樂(희로애락)에 一喜一悲(일희일비)한다.
그러나 모든 자연의 이치는 물 흐르듯이 진행된다.
때가 되면 열리고 때가 되면 닫치고 봄이 오고 여름이 가고
가을이 가고 겨울이 온다. 이 순환하는 자연의 법칙을 인정해야 한다.

안수원 어록

옹졸함은 인색함을 낳고 대범함은 포용력을 잉태한다.

진리

기도는 우리에게 순결한 심장을 줍니다. 그것은 우리의 심장을 정화합니다. 그리고 순결한 심장만이 하느님을 볼 수 있습니다. ~마더~

여름 촌가

구름도 땀 흘리는 늦여름 오후

열어 제친 소슬대문 가로질러
토방마루 그늘진 한 켠 노랭이 졸고 있고

툇마루 퍼질러 논 꽁보리밥
파리 떼 행진하는 틈새로

토담 위에 호박잎 늘어져 낮잠 자고
느려빠진 라디오 노래 가락 더딘 하루를 맹글고

대추나무 중등머리 매미소리에
더위를 식힌다.

숨 막힌 늦여름 오후 땡볕도 지쳐버린
한가로운 촌가

햇볕도 한풀 고개를 숙이고
벌써 저만큼 산등성이를 비켜선다.

시의 탐닉

작열하는 뜨거운 태양마저 모두 지치고 늘어져 있다.
그 와중에 제철 만난 매미는 한껏 가락을 뽐낸다. 파리 떼 사이로 훔쳐본 풍경은 전형적인 시골 풍경을 그리고 있다.

안수원 어록

지식의 빈곤은 생각의 빈곤을 낳는다.

진리

가난의 고통을 없애는 방법은 자신의 재산을 늘리거나 자신의 욕심을 줄이는 것이다.
~톨스토이~

인연이란

밀물이 되면 밀려오고
썰물이 되면 빠져나가는
바닷물 같은 것

해 뜨면 나타나고
구름 끼면 사라지는
그림자 같은 것

눈으로 보면서도
손으로 잡을 수 없는
안개 같은 것

고산 허리 돌아 잠시 쉬어가는
흰 구름 같은 것

계절 따라 바뀌는
자연의 이치 같은 것

아침햇살에 반짝 영롱하던
이슬 같은 것

시 탄생의 의미

인생은 인연에 의해서 만나고 삶을 이어간다.
그러나 모두가 영원할 수 없는 세상사 이치와 아쉬운 인연을 시인은 말하고자 한다.

안수원 어록

삶에 정답은 없다. 그대가 최선을 다 했다면 결과에 연연하지 말고 최선을 다함에 만족하라.

진리

하나님은 저에게 이야기 한다. 그리고 저는 그분에게 이야기 한다. 그렇게 간단하다. 그것이 기도이다. ~성녀 테레사~

젊은 날 그리움

열리는 새벽의 싱그러움에
자아를 맡기고

떠오르는 태양과 함께
미래를 설계한다

멀리 기적소리 울리니
잊혀진 추억여행

몽울진 젖가슴마냥
풋풋했던 기억들

갑자기 밀려드는 그리움에
눈시울이 젖누나

시 음미

꿈과 희망이 있었던 아름다운 추억이었다. 그러나 이제야 깨닫게 된다.
이미 기차는 종착역이 다가옴을 알려주고 있다. 모든 것이 아쉽고 아쉬울 뿐.
그래도 그 시절이 그립고 또 그립다.

안수원 어록

불의를 방관하는 자는 불의와 공범이다.

진리

설사 도를 얻고 마음을 밝혔다고 할지라도 남에게 자랑삼고 깨달음을 자부한다면 그것은 살아갈 길을 잃고 말 것이다

諸惡莫作(제악막작)

온갖 추함으로 더러워져버린 세상을 보는
이 눈을 멀게 하소서

온갖 간사한 소리만을 들으려하는
이 귀를 멀게 하소서

온갖 비방 다 하고도 부족해서 모함을 일삼은
혀를 잘라버려라

온갖 아귀 같은 분노만을 일삼는
가슴을 도려내 버려라

온갖 교활한 생각과 모략만을 꾀하는
머리를 박살내 버려라

그래도 아직도 죄악을 즐겨 행하려는
팔과 다리가 있음을 어이할꼬....

시란

마음으로 보는 세상을 글로 표현하는 것이다.
세상을 바라보는 눈과 세상의 온갖 소리를 듣는 귀는
좋은 것 좋은 말만 보고 들으려 하나 역으로 내뱉는 말마다 허공을 더럽힌다.
이건 한마디로 코메디다. 한 몸에 동거하면서 어찌 이리 다른가.

안수원 어록

인간은 하는 일이 잘못되어지면 신을 탓하고 원망한다. 그러나 신은 결코 실패를 주는 더 깊은 뜻이 있음을 의심해서는 안 된다.

진리

사랑의 열매는 기도다. 기도의 열매는 믿음이다. 믿음의 열매는 사랑이다. 사랑의 열매는 봉사다. 봉사의 열매는 평화다.

衆善奉行(중선봉행)

산사의 은은한 풍경소리
중생구제의 청아한 목탁소리
자비심 넘치는 낭랑한 염불소리
깨달음에 이르는 법문

그러나 아만을 버리는 길은 고요라네

새벽 창공을 가르는 성당의 종소리
대속하심을 찬양하는 복음성가
죄사함을 구하는 통회의 기도소리
사랑을 전하는 성경의 진리

그러나 교만을 버리는 길은 침묵이라네

범문이나 성경 말씀은 진리 중의 진리이다.
그러나 시인이 읊었던 시의 구절은 인간의
감흥을 불러 일으켜 삶에 동력을 일으킨다. 모두
다 인간의 본래 모습들이다.

안수원 어록

성공과 시기는 비례한다. 때문에 거지를 시기할 사람은 아무도 없다.

진리

열정을 잃으면 50세라도 노인이다. 불타는 마음으로 전진하면 80세도 청년이다.

천관산

동녘 저 해면에 일출을 보라
고요히 때로는 출렁이는 득량만
그 해면에 우뚝 솟은 천관산
오늘도 베일 속에 나신을 감추고
수줍게 미소하며 구름 속에 묻혀있다.

동녘 저 해면에 서서히 솟아오른 일출
득량만 해면이 황금빛으로 눈부시다
천관산이 사해를 굽어보며 위엄을 보인다.
신선들에 미소가 일출에 빛나고
이무기들이 천관산 위용 앞에 무릎을 꿇는다

태고적의 신비를 전설 속에 감추고
숱한 이야기를 계곡마다 간직한 채
득량만 해풍을 타고 실려 온다
천상에 천관녀가 두레박을 타고 금수굴에
백옥같은 나신을 담구고 날개옷을 버렸다.

변함없는 동녘해면에 일렁이는 황금빛 물결
천관산을 황금으로 물들인다 아~아 천관산

시의 이해

김유신의 연인으로 하강한 천관녀의
전설이 신비스럽게 깃들어 있는 산.
사해를 굽어보며 위엄을 보이고 있다.

안수원 어록

우리는 나이를 먹어 기억상실이나 치매가 오는 것이 아니다. 나이가 들었다는 이유로 기억상실이나 치매가 왔다고 스스로 인정해주고 있기 때문이다.

진리

당신이 순결한 심장을 가진다면 모든 것과 모든 사람 안에서 하느님을 볼 수 있다.
~성녀 마더 테레사~

春夢(춘몽)

아지랑이 춘풍에 실려 오고
삶에 지친 육신을 누이고
이상을 향해 꿈에 나래를 펼친다.

무수한 별빛 무리가 길을 안내하고
가쁜 호흡이 잦아들 무렵

날개옷을 걸친 천사가
살며시 침실을 노크한다.

이제 고된 삶에 질긴 고리의
버거운 멍에를 벗어 던지고

천사의 날갯짓의 안내를 받는다.

시상의 음미

우리의 삶은 꿈이다. 꿈속에서 우린 고된 삶의 여정을 해소시킨다.
고통도 다 잊어버린다. 천사의 축복과 미소가 우리의 길을 안내할 것이다.
삶이란 꿈이고 꿈은 삶의 에너지다.

안수원 어록

우리는 살아가면서 수없이 힘들어 죽겠다고 불평을 한다. 그러나 결코 우리는 죽지 않고 살아 있다. 그러나 우리가 깨달아야 할 것은 그러한 불평은 결코 우리를 행복하게 하지 못한다는 사실이다.

진리

우리는 반찬은 골라 먹으면서 말은 골라하지 않는다. 내가 하는 말이 어떤 운명을 만든다는 사실을 생각하지 못한다.

탐욕의 비애

다 먹지도 못하고
다 쓰지도 못하고

한 푼도 가져가지 못할 걸
그리 탐욕을 부리는가

출세와 성공은
탐욕이 빚은 올무

발버둥 칠수록
조여드는 올무

탐욕을 부릴수록 악업은 쌓여간다

우리는 너무나 당연한 진리를 잊고 산다.
왜 쓰지 못하고 가져가지 못 할 재물에 안달하고 집착하는지 모르겠다.
탐욕의 업보는 가져갈 수 있다는 사실에 유념해라.

안수원 어록

“사람답게 사는 것” 그것은 매우 어렵고 힘든 일이다. 그러나 그것처럼 당당하고 보람스러운 일은 없다.

진리

양초가 타고 있는 동안에는 구두를 수선할 수가 있다. 생명이 살아있는 한 잘못된 것을 바로 잡을 수가 있다.

존재감

하늘을 날으려니
날개가 없구나

어둠을 밝히려니
빛이 없구나

사랑을 속삭이려니
연인이 없구나

나 그래도 여기 있다.

시 탐구

천상천하유아독존 부처께서 자신이 고귀한 존재라고 했다.
우리가 살아있음 그 자체로도 고귀한 것이다. 부족하고 괴로워도
다 허상이다. 우리는 존재함으로 고귀한 것이다.

안수원 어록

남의 슬픔마저도 자신의 출세에 악용하는 인성은 신의 뜻을 거역하는 악마의 교활한 본성이다.

진리

용서란 가해자에게는 값없고 무조건적이지만 당신쪽에서는 큰 희생을 치루어야 한다.

편협된 관점

산동네에 사는 사람은 태양이
산 위에서만 솟아오른다 할 것이다
바닷가에서 사는 사람은 태양이
바다에서만 떠오른다 할 것이다.

열려진 마음의 창
세상이 맑게만 보일 것이다.
닫쳐진 마음의 창
세상이 어둡게만 보일 것이다.

미망은 오직 편협된 마음 때문에 일어난다.

시의 의미

우리는 이미 보려고 하는 관점에서 사물을 판단한다.
그러한 편견은 오판에 이르기 쉽고 상대를 오해하게 되고
종국에는 돌이킬 수 없는 화를 자초하게 된다.
이면에 감추어진 진실을 찾으려 해야 한다.

안수원 어록

생명은 소중하고 사랑스러운 것이다. 그러나 교활한 음모와 시기와 이간질로 점철된 추하게 버림받은 생명은 차라리 장엄한 죽음 보다 못하다.

진리

모든 사람은 시간이 무엇인지 안다. 나도 시간이 무엇인지 안다. 그러나 어떤 사람이 "시간이 무엇입니까? 내게 설명해주십시오" 하고 물으면 나는 당황하여 말문이 막히고 만다.

한 알의 행복

어둠의 긴 터널
아직 끝나지 않는 죄악의 업보를

수줍은 듯 붉으레 한 미소를
살짝 감추며 이른 아침을 반긴다.

오직 현실에 안주하는
구속받은 삶의 일상에서

아삭거리며 풍기는 향미는
무간지옥에서 감로수를 음미한다.

아직은 포기할 수 없는 생이
담벼락 너머에 손짓하고 있기에
한 알의 이 행복을 아직은 포기할 수 없다.

시가 있는 곳

삶의 존엄한 가치는 누구에게나 공평하다.
귀한 삶도 비천한 삶도 없다. 삶은 누구에게나 공평하다.
살아있다는 것 그 자체다.

안수원 어록

악마도 자신의 행위에 대한 정당성을 주장한다. 그러나 대한민국 피고들은 검사, 판사 앞에서 자신의 결백조차 주장할 수가 없다.

진리

천국은 하나님을 사랑하는 겸손한 영혼들이 받은 보상이며 지옥은 자신만을 사랑하는 교만한 영혼들이 받은 대가인 것이다.

한 뼘의 희롱

철철 끓은 분노의 불길은
한 뼘 마음

살을 에이는 고통의 눈보라도
한 뼘 마음

저주의 폭풍우도
한 뼘 마음

하늘을 날을 것 같은 희열도
천길 낭떠러지로 떨어지는 비애도

한 뼘 마음이
우리를 망상에 젖게 한다.

시의 의미

자신을 다스리지 못하고 실체가 없는 마음에 울고 웃고 한다.
마음이란 단지 인간이 자신의 필요에 의해서
선택적으로 위로받고자 하는 교활한 술수에 지나지 않는다.
모두가 헛된 망상일 뿐이다.

안수원 어록

남이 잘난 것은 죽어도 인정하기 싫다 그것은 애교로 치자 그러나 잘난 것을 시기, 질투, 비방하고 헐뜯고 이간질 시키는 죄악은 어찌할 것인가.

진리

세상에는 이기고도 지고 지고도 이기는 그런 승부가 있다.

한여름 풍경

맨드라미 무더운 한여름을
온몸으로 막아서는 오후

머슴 놈 감나무 아래
그늘진 평상에 늘어진 낮잠

못 말린 극성 장닭
꼬끼오 목청껏 심술 친다.

뒷곁 텃밭 옥수수
부시시 미소 짓는다.

시가 주는 정서

맨드라미가 더위를 혼자 해결하고 있다.
머슴 놈은 일할 생각은 않고 낮잠만 잔다. 보다 못한 장닭이
소리 지르자 옥수수가 재미있다고 웃는다.

안수원 어록

진정한 변화란 남을 변화시키는 것이 아니라 자기 자신이 변화를 이루는 일이다.

진리

누군가를 좋아한다고 해서 사사로운 정으로 상을 내려서도 안되며 누군가를 미워한다고 해서 사사로운 원한으로 벌을 내려서는 안 된다.

헛소리

누가 누구에게 하고 있는가
누구로부터 들었는가

본디 세상이 그러한 걸
그걸 깨닫지 못했을 뿐

허공을 떠도는 거짓들은
우리들이 숨 쉬는 자체가
양심을 속이는 일상일 뿐

본디 우리는 그렇게 태어나서
그렇게 살다가 죽어가는 미물

시 탄생의 배경

인간의 어리석음이다. 살아가면서 남을 음해한 말로 온갖 악구중죄 입으로 짓는 죄를 짓고 있다. 만물의 영장이 취할 행동이 아니다.

안수원 어록

검·판사들이 감옥에 가두고 모든 것을 말살시켜도 단 하나 절대로 꺾을 수 없는 중요한 사실은 정의를 지키고 진실을 추구하고자하는 자유에 대한 의지이다.

진리

하나님께서 여러분에게 어떤 대가를 요구한다고 말한다면 그들은 하나님의 말씀을 가르치는 것이 아니고 그들 자신의 말을 가르치는 것이다.

행복

행복이라는 것은
이런 것이다
마음이 평온할 뿐

마음은 들뜨지 않으면서
하늘을 오를 것만 같은
기쁨도 담담하다

넘치도록 여유로운
풍족함도 아니지만
부족함도 만족할 뿐

이루었다고 함도
이루지 못함도
아무런 차이가 없는...

시평

행복이란 풍족함 성공에 있지 않다.
그것은 아주 지극히 소박함 평온에 있다.
들뜨지 않는 이루어지지 않아도 만족할 줄 아는 여유로움
감사와 사랑을 알고 나눌 줄 아는....

안수원 어록

신은 사랑하는 인간을 시련으로 단련시킨다. 고로 시련이 왔을 때는 신이 나를 사랑하고 있다고 생각하라.

진리

오늘날 정치를 하는 것은 이미 학식있는 사람이나 성품이 바른 사람은 아니다 불학무식한 강패들에게나 알맞은 직업이다. ~그리스 희극작가 아리스토파네스~

행복의 미학

어느 날 찾아온 행복
천상에 미소를 본다.

눈으로 볼 수 없는
아름다움이 그곳에 있다.

귀로 들을 수 없는 행복은
가슴까지 파고든다.

이루 형언할 수 없는 행복은
언어로 표현할 수 없다.

누가 이 희열을 만끽할까

시 탄생의 비밀

다 잃어버리고 나니 행복해진다는 말이 맞다.
그렇다, 티벳에서 지진에 무너진 땅속에서 살아나온 사람이
구조해준 마을 사람을 들고 덩실덩실 춤을 춘다.
집과 가옥이 다 묻혀버렸어도 살아있는 것에 만족한다.
행복은 그런 것이다.

안수원 어록

남보다 두 배 성공하고 싶으면 두 배 노력하고 열 배 성공하고 싶으면 열 배 노력하라.

진리

덕이 높고 나이 많은 어른들을 항상 존경하고 받드는 사람에게는 네 가지 이익이 따른다. "수명장수" "아름다운 용모" "행복" 그리고 "건강"이다.

회상

당차게 꾸워왔던
철없던 시절의 꿈은

무지개처럼 흔적도 없이
사라져버리고

그래도 잔존하는 시간들은
빛바랜 앨범

가버린 시간 속에
새로워지는 추억은

한숨짓는 시절
청춘의 産苦(산고)*

그 아픔을 함께
위안할 수밖에 없는

중년의 삶은 동질의 자화상

*産苦(산고) : 출산의 고통

시상 엿보기

희망은 누구에게나 있었다. 이루고 이루지 못함도 마찬가지.
그리고 그 추억을 간직하면서 우린 늙어간다.
우리는 동질에 아픔을 간직하고 있다. 서로의 동병상련의 자화상을 본다.

안수원 어록

이 나라가 잘못되어 가는 것은 개인의 잘못이기 이전에 국민을 잘못되게 만들어가는 조직이나 기관, 재벌들의 문제에서 그 책임을 찾아야 한다.

진리

천 사람의 아부하는 말이 한 선비의 기탄없는 직언만 못하다.

흔적

그대 이름을 부르노니
가슴에 묻었노라

천관산에 오르며
천관녀를 묻었노라

억불산에 오르니
며느리를 묻었노라

청춘의 희망의 꿈은
미래에 묻고

못다 이룬 청춘의 꿈들은
추억의 묻고

자아는 세월에 묻는다.

시가 주는 의미

모든 문제의 본질은 마음에 있다는 말이다.
자식이 죽으면 가슴에 묻는다고 한다. 삶이 그렇다는 말이다.
우리는 마음에 농락당하는 삶을 살고 있다.

안수원 어록

역경이 두려워 편안함을 추구하는 자 편안함을 얻을 것이요 변화를 추구하는 자 고난이 따르더라도 변화와 희열을 만끽할 것이다.

진리

먼저 생각하라 그런 다음에 말하라. 이제 그만이라는 소리를 듣기 전에 그쳐라.

天方地軸(천방지축)

너 나 그리고 우리
천방지축 날뛰어도
하늘 아래 메일 뿐

너 나 그리고 우리
천방지축 으시대도
보잘 것 없는 존재

티끌 바람에 날리고
연기 하늘에 흩어지는
너 나 우리 그런 존재

시평

우리는 천하를 다 가질 듯이 바쁘게 살아간다.
그러나 우리의 존재는 허공에 티끌 하나 날리는 하찮은
그런 존재에 지나지 않을 뿐이라고 생각한다면 편하고 여유로울 것이다.

안수원 어록

세상의 모든 이치는 우주로부터 시작된다. 天下萬物道宙始原(천하만물도주시원)

진리

비난보다는 용서가 낫다. ~성녀 마더 테레사~

푸념

들풀 속에 꽃망울이 미소로 나를 반긴다.
날갯짓으로 나비가 하늘하늘 나를 반긴다.
미풍에 초목들이 한들한들 나를 반긴다.

나는 어제도 오늘도 받기만 한다.

햇빛도 받고 달빛도 받고 별빛도 받는다.
내가 줄 수 있는 것은 아무것도 없다.

시의 여정

인간이 자연에게 줄 수 있는 것은 아무것도 없다.
시인은 자연으로부터 받기만 함이 못내 아쉽다. 자연은 온통
인간을 위해서 존재하는 것 같다 받기만하니 부끄러운가보다.
그래서 넋두리라도 하는 걸까.

안수원 작시

怨辭의 詩(원사의 시) 1

望慕啼淚時夜(망모제루시야)
임의 그리움에 눈물로 지새는 밤
茫背變痛哭夜(망배변통곡야)
임의 배신에 통곡으로 지새는 밤
月鳴星鳴天鳴(월명성명천명)
달도 울고 별도 울고 하늘도 울었네
天地振痛哭聲(천지진통곡성)
천지를 울리는 통곡소리에
山野亦吸亡調(산야역흡망조)
산야도 숨을 죽이네
茫慕兮祈福願(망모혜기복원)
임이여 부디 행복하소서

시 탄생의 배경

천관녀가 김유신을 떠나 서라벌에서 돌아와 마지막 천관산 구룡봉에서 훨훨 나비가 되어 승천하기 직전에 읊은 원사의 시.

안수원 작시

怨辭의 詩(원사의 시) 2

身別遠心同行(신별원심동행)
육신은 멀리 떨어져 있으나 마음은 늘 함께 있네
望戀心慕天到(망연심모천도)
임을 연모하는 마음 하늘에 닿았으나
三韓萬人求行(삼한만인구행)
삼한 만인을 구제하는 일이
望大志行成事(망대지행성사)
임이 훌륭한 대업을 이루는 일이
望慕心志成太(망모심지성태)
임이 훌륭한 대업을 이루는 길이 연정보다 크네
愛馬首打殘行(애마수타잔행)
애마를 베는 잔인함에
今我慕情心終(금아모정심종)
이제 나의 연정도 끝이 났다네
天下我所今無(천하아소금무)
하늘 아래 내가 갈 곳은 이제 없다네

시 탄생의 배경

김유신이 잔인하게 자신의 말의 목을 치면서 까지 천관녀를 버리는 장면을 시로 재현함. 원사의 시 원조격.

안수원 작시

怨辭의 詩(원사의 시) 3

送別茫遭不 (송별망조불)
떠나보낼 임이라면 만나지 말 것을
千萬約之朝露(천만약지조로)
천만 번 약조가 아침 이슬 같구나
送別所回所無(송별소회소무)
떠나온 곳은 있으나 갈 곳은 없으니
一身依所一佛(일신의소일불)
이 한 몸 의탁할 곳은 부처님밖에 없으니
全戀心緣夢虛(전연심연몽허)
이 모든 연정에 인연이 꿈이었구나

시 탄생의 배경

김유신에게 버림받고 원망의 글, 원사의 시를 읊었다는 천관녀의 원사의 시가 역사에 흔적이 없다. 그래서 장편소설 천관녀 안수원 작가가 천관녀의 심정의 원사의 시를 재현해 보았다. 김유신의 모친 만영부인이 천관녀에게 김유신과 헤어질 것을 권유하자 쓴 시.

안수원 작시

탐진강 물[水]축제

太初之水存 現在之水存 有舊之水存
(태초지수존 현재지수존 유구지수존)
태초에도 물은 존재했고 현재에도 물은 존재하고 영원히 물은 존재한다

水萬物之根 水人身之壽 水我身之我
(수만물지근 수인신지수 수아신지아)
물은 만물의 근원이고 물은 사람의 생명이고 물은 인간자신 그 자체다.

시 탄생의 배경

안수원 작가 장편소설『억불산 며느리바위 전설』(전편),『백제의 태동』(하편)에 탐진강의 물난리로 인해 며느리 바위가 된 순녀, 그리고 그 물난리를 막고자 댐이 건설되고 신기하게도 탐진강에서는 매년 물 축제가 열리고 있다.

童心夢鳴(동심몽명)

안수원 시집

2021년 3월 22일 인쇄
2021년 4월 10일 발행

지은이 | 안 수 원
펴낸이 | 정 찬 애
발행처 | 도서출판 에코미디어
등 록 | 1994년 6월 10일 제 05-01-0155호
주 소 | 광주시 동구 양림로119번길 21-1(학동)
전 화 | (062)224-5319
E-mail | jcapoet@hanmail.net

ISBN 978-89-97482-40-5 03810

값 20,000원

공급처 ■ 한국출판협동조합
경기도 파주시 적성면 적성산단3로 10 (적성일반산업단지 내)
주문전화 (02)716-5616, 070-7119-1740